本书出版得到国家重点文物保护专项补助经费资助

《浙江纪年墓与纪年瓷·丽水卷》编委会

主编

沈岳明　郑建明

编委

浙江省文物考古研究所：谢西营

丽水市博物馆：吴东海

温州市博物馆：伍显军

龙泉市博物馆：吴明俊　周光贵

庆元县廊桥博物馆：陈化诚

松阳县博物馆：宋子军　王永球

缙云县博物馆：王琼英

汤显祖纪念馆：谢文君　胡　宏

文字

谢西营及各单位编委分别撰写，郑建明统稿

摄影

郑建明（部分器物照片由收藏单位提供）

TOMBS AND PORCELAIN
WITH DATES
FROM LISHUI ZHEJIANG

浙江纪年墓与纪年瓷

丽水卷

浙江省文物考古研究所　编

文物出版社

图书在版编目（ＣＩＰ）数据

浙江纪年墓与纪年瓷．丽水卷 ／ 浙江省文物考古研
究所编． —— 北京 ：文物出版社，2019.12
　　ISBN 978-7-5010-6317-8

　　Ⅰ．①浙… Ⅱ．①浙… Ⅲ．①墓葬(考古)－研究－丽
水②瓷器(考古)－研究－丽水 Ⅳ．①K878.84
②K876.34

　　中国版本图书馆CIP数据核字(2019)第225957号

浙江纪年墓与纪年瓷·丽水卷

编　　者　浙江省文物考古研究所
责任编辑　谷艳雪　王　媛
美术编辑　程星涛
责任印制　陈　杰
责任校对　李　薇

出版发行　文物出版社
社　　址　北京市东直门内北小街2号楼
网　　址　http://www.wenwu.com
邮　　箱　web@wenwu.com
制版印刷　天津图文方嘉印刷有限公司
经　　销　新华书店
开　　本　889×1194　1/16
印　　张　14.25
版　　次　2019年12月第1版
印　　次　2019年12月第1次印刷
书　　号　ISBN 978-7-5010-6317-8
定　　价　280.00元

丽水地区古代窑业

郑建明

一、前　言

丽水于隋开皇九年（589 年）建处州，开皇十二年（592 年）改为括州，大业三年（607 年）改为永嘉郡。唐武德四年（621 年）复改为括州，大历十四年（779 年）改为处州。元至元十三年（1276 年）改为处州路，至正十九年（1359 年）改为安南府，随后改为处州府。1949 年设丽水专区，1968 年改称丽水地区，1978 年设立丽水地区行政公署，2000 年撤销行署建制设丽水市。

丽水市处浙江省西南部，浙闽两省交界处，东南与温州市接壤，东北与台州市相连，北邻金华，西接衢州，西南则与福建省为邻。是浙江省陆域面积最大的一个地级市，下辖莲都区（市辖区）、龙泉市（代管县级市）、云和县、庆元县、松阳县、遂昌县、缙云县、青田县和景宁畲族自治县。

以中山、丘陵地貌为主，地势由西南向东北倾斜，西南部以中山为主，有低山、丘陵和山间谷地；东北部以低山为主，间有中山及河谷盆地，属"九山半水半分田"。

海拔 1000 米以上的山峰有 3573 座，其中龙泉市凤阳山黄茅尖海拔 1929 米，庆元县百山祖海拔 1856.7 米，为浙江省第一、第二高峰。

境内有瓯江、好溪、飞云江、灵江、闽江、交溪水系，仙霞岭是瓯江水系与钱塘江水系的分水岭，洞宫山是瓯江水系与闽江、飞云江和交溪的分水岭，括苍山是瓯江水系与灵江水系的分水岭。北边的仙霞岭与南边的洞宫山夹全市第一大江瓯江水系，它发源于庆元县与龙泉市交界的洞宫山麓，自西向东蜿蜒过境，在丽水市区折向东南，奔向温州后入海。瓯江串起了龙泉、云和、丽水市区、青田，遂昌与松阳傍松阴溪为邻，小溪过景宁而在青田汇入瓯江，庆元的松源溪则是闽江的一大支流。

丽水地区是龙泉窑的核心分布区，这里的窑址数量庞大、产量巨大、产品质量高超，是南北窑业文化发展的集大成者，也是中国青瓷的绝唱。

二、丽水地区北宋早中期之前的窑业

北宋早中期在龙泉金村一带形成了规模化的窑业生产,自此窑火一直延续至明代。而之前的窑业仅有一些零星的发现,并且多数分布于龙泉窑核心分布区龙泉南区之外,重要的有丽水吕步坑窑址、庆元黄坛窑址、松阳水井岭头窑址、龙泉安福窑址等。

(一)丽水吕步坑窑址[1]

窑址位于丽水市郊吕步坑村。发掘出土器物类型有碗、盏、盆、罐、盘口壶、执壶、灯盏、缸、碾轮、碾槽、砚等,都为生活用具,多数为灰胎瓷器,少数为陶质器皿。瓷器主要为青瓷(图1),也有酱釉瓷。发掘者将其产品划分成三期。第一期产品以折腹碗为主,且以平底居多,兼有各式瓷盏、敞口罐、多足瓷砚、盘口壶、灯盏等。多为紫胎,胎厚釉薄。明火叠烧,以泥点间隔,碗底一般有三四个垫烧痕。产品与江山唐高宗上元三年(676年)墓的碗、砚、盘口壶有相似之处[2],时代当为隋至初唐。第二期折腹碗继续装烧,出现撇口折腹碗(折腹部位有所下移)、敞口斜腹碗、撇口弧腹碗,盅、罐、砚、盘口壶、灯盏继续烧造,兼生产钵、盘、执壶等,器形多样。釉色有青釉和酱釉两种。仍采用明火叠烧技术,碗底泥点痕4~6个不等。罐与江山唐天宝八年(749年)墓所出相似[3],整体时代当为唐代中期。第三期不见折腹碗,平底碗也消失,仅见撇口或敞口斜腹假圈足碗,碗内外底有5~8个椭圆形泥点痕。以生产大型产品如缸、盆等为主,胎质粗糙。装烧方式除明火叠烧外,还有大小件器物对口套烧。时代约为唐代中晚期。

(二)松阳水井岭头窑址

窑址位于松阳县赤寿乡界首村东首,这里北通遂昌、衢州,南连温州,处于重要的商道上。窑址坐落在界首村大岗山山脚水井岭头山坡上,前临松阴溪,水源、燃料、瓷土资源都很充足(图2)。采集的标本至少可分成两个时期,第一个时期主要是直腹、平底、内外施半釉的碗类器物;第二个时期以饼形底的碗为主要特征,内外满釉,外腹施釉不及底。前者时代当在隋至唐代早期,后者则约在唐代中晚期,与吕步坑窑址较为接近。

图1 丽水吕步坑窑址青瓷碗

图2 松阳水井岭头窑址地层堆积

产品胎色普遍较深，呈灰色或深灰色，胎质较粗，釉为土黄、青灰色，玻璃质感不强，釉面干枯而不够莹润。基本为素面，第二期出现褐斑装饰，于碗的口沿上以大块斑对称设置。明火直接叠烧，不见有匣钵，器物之间以泥点间隔，泥点痕较为细小密集。支烧具为粗矮的喇叭形。常见因窑变而局部呈乳浊化的现象。（图3）

窑址所处区域在地理位置上接近婺州窑分布区，是进出金华与衢州地区的重要通道，窑址产品面貌亦与婺州窑相当接近，可以说是婺州窑向外辐射的一个地方类型。

（三）庆元黄坛窑址

窑址位于庆元县竹口镇黄坛村（图4），

2014年正式发掘，产品以碗为主，亦生产多角罐、盘口壶、盆等，时代当在唐代中晚期。碗类器物基本为饼形底（图5），盘口壶则盘口较大。胎有浅灰、灰白、灰黑、灰

图3 松阳水井岭头窑址产品标本

图4　庆元黄坛窑址远景

褐等色。青黄色釉或泛灰或泛浅青，因胎色不同而有所差异。其中浅颜色的胎呈现的釉颜色亦浅，隐约已有北宋淡青釉的影子，可能与龙泉窑有渊源关系，对于研究龙泉窑瓷器的演变与发展具有重要的意义。

图5　庆元黄坛窑址青瓷标本

（四）龙泉安福大栗山窑址

窑址位于龙泉东区的安福大栗山一带，在修建丽水至龙泉的高速公路时由地方文物部门经过简单的清理而取回部分标本，现在所能看到的主要是四系罐、执壶等。四系罐尖唇外凸形成窄平沿，直口短直颈，圆肩，深弧腹斜收，平底，肩部带有四个小泥条形的系。执壶造型与四系罐接近，亦为尖唇外凸形成窄平沿，直口短直颈，圆肩，深弧腹斜收，平底，肩部有较长的弧形流，与流对称的另外一侧有较宽的弧形把手。均为素面。胎色灰白，胎质较为细腻。釉色亦呈灰白色，较北宋时期金村淡青釉产品更白，但质感不如淡青釉，比较干枯。这类罐与执壶和五代时期的越窑产品极为接近，因此窑址时代当在五代前后。

（五）青田山根垟窑址

窑址产品包括碗、盘、碟、盏、盏托、执壶、盒、瓶等，均为越窑常见的器形，仅倒流壶等少数器物目前不见于越窑。碗包括敞口碗、侈口碗、花口碗、斗笠碗等，盏亦有花口与圆口之分，执壶出筋，为越窑主要的造型。装饰主要是细划花，题材相对较为单一，多为花卉（图6），亦为越窑常见。胎色泛灰，釉色青黄或青灰色，呈色、质感与越窑北宋中晚期产品极为接近，几乎难以区别。使用M形匣钵装烧，垫圈支垫，有目前仅见于越窑遗址与金村早期龙泉窑中的"山"字形垫圈。该窑址无论是产品类型、器形、装饰、装烧还是胎釉呈色等均与越窑十分接近，时代约在北宋早中期。

图6 青田山根垟窑址青瓷标本

从窑业发展情况来看，唐代丽水地区的窑业更多是受外来窑场的影响，可能主要受婺州窑的影响，尤其在胎釉的呈色方面。进入五代时期，丽水地区在仿越窑的同时在胎釉上亦有所创新，安福大栗山窑址的灰白色釉不见于浙江其他窑场，应该是原创的釉色，其与淡青釉最为接近，因此该窑址是淡青釉创烧时期的一个重要窑场，拉开了北宋龙泉窑大发展的序幕。

到了北宋中期前后，越窑的因素通过瓯江进入到丽水地区，最后在金村所在的龙泉、庆元交界处形成规模化生产。

三、龙泉南区的窑业

龙泉窑的核心产区以龙泉为中心，东边包括云和西部的部分地区，西边包括庆元西北部的部分区域，以龙泉县城为界，大致可以划分成龙泉南区与龙泉东区两大片。龙泉南区是生产的最核心区域，代表龙泉窑的最高制作水平，而龙泉东区规模庞大，时代相对比较晚，生产质量一般，可能与外销有关。

龙泉南区主要包括龙泉的小梅与查田两镇，在庆元的竹口镇亦有少量的分布，分布区域大致可以划分成四个片区：龙泉金村与庆元上垟所在的金村地区以及大窑地区、石隆地区与溪口地区。

（一）金村地区的窑业

龙泉窑在北宋早中期前后开始成系列、成规模地生产，地域上主要包括庆元上垟地区在内的龙泉金村地区，可以看作龙泉窑的真正开端。

金村属于龙泉市小梅镇，位于龙泉市以南约50千米，西北与小梅镇直线距离仅3千米左右；北边山坳中有古道与大窑相连，相距约3千米；东边为屏南镇；南边与庆元的竹口镇上垟接壤（图7）。其地形为山间河谷，小梅溪呈"几"字形穿村而过，两边的山峰较为高峻、陡峭，河谷并不宽，但与大窑逼仄的地形相比显得较为开阔，山前河岸较为平缓，尤其是河的北岸与西岸。金村

基本沿河的北岸与西岸多块狭长布局，而窑址则位于各聚落的屋后山坡上。分布于小梅溪东岸的窑址仅有几处，窑址前的开阔地带有残垣断壁，原先应该也有聚落。

金村窑址群以大窑犀南端为界，再往南的约10处窑址已进入庆元县界，属于竹口镇上垟村。"几"字形的小梅溪从东北而来，在此处急折向西北呈大V字形奔小梅而去。上垟村基本分布于此V字形河谷内，地势虽然更为开阔，但聚落分布比金村更为分散。窑址在上游主要分布于河的西岸，在下游则分布于河的东岸与南岸，即V字的顶端。从北边的金村下坑屋后窑址群开始，河北岸往西有谷岩沿岗、屋后山窑址，东南岸有溪东

图7 金村窑址群远景

窑址群，河西岸往南有下会、后岙、大窑犀等窑址，过大窑犀进入庆元上垟，共有30多处窑址。

金村地区的窑业大致可以划分成淡青釉时期、翠青釉时期与乳浊釉时期三大阶段。

1. 淡青釉阶段

北宋时期最早的龙泉窑产品一般称为"淡青釉"青瓷（图8），其基本特征如下：器形极为丰富，有碗、盘、盒、盂、执壶、罐、盏、盏托、钵、五管灯、斗笠碗、熏、盘口壶、五管瓶等。整体造型上胎体较厚重，尤其是底部与圈足，圈足多较粗矮，足壁较直，足端较为方平，缺少越窑常见的足端较圆而外撇的纤细圈足。装饰较为复杂，有细划花、粗刻花、堆塑、镂孔等技法，以刻花技法最为流行，题材主要是牡丹、莲瓣、蕉叶等花卉与云气等，海涛纹亦有一定的数量，线条流畅、结构严谨。胎色较浅而几近白色，胎质细腻。釉呈淡青色，积釉厚处则泛湖绿色，釉面光洁莹润，部分略泛黄的器物有象牙的质感。装烧方面包括满釉垫圈单件匣钵垫烧、满釉多件直接叠烧、半釉多件直接叠烧（此处半釉为外腹施釉不及底）、满釉与半釉多件混合直接叠烧、半釉直接叠烧与满釉垫圈直接叠烧的混合叠烧等多种形式，窑具包括匣钵、垫圈与支烧具，匣钵以M形为主。

这一时期生产规模极小，仅限于金村地区的数处窑址。时代约为北宋早中期。

2. 翠青釉阶段

淡青釉产品在北宋中期偏晚阶段有一个逐渐衰落的过程，北宋晚期代之以一批釉色青绿的"翠青釉"产品（图9），面貌发生了极大的变化：器物种类更加丰富，器形大型化而更加厚重，尤其是器物的底部明显加厚。装饰极为发达，广泛见于碗、盘类大口器物的内底与内腹或内底与内外腹，碟类器物的内底，执壶、罐类小口器物的外腹，宽沿类器物的沿面，以刻花技法占据绝对的主流，题材主要是缠枝花卉纹、莲瓣纹、折扇纹，少量的篦点纹、蕉叶纹等，一般满饰于器物的内外腹，这种双面装饰的做法习称双面工。除主体纹饰外还见有大量的篦划纹、篦点纹等作为地纹，纹饰层次分明，主次清晰。胎色灰白，胎质细腻坚致，气孔较少。釉色以较深的青中泛翠的青绿色为主，施釉均匀，釉层较厚，釉面匀净莹润而饱满，胎釉结合好。装烧工艺由北宋中期后段的叠置明火裸烧为主变成以一匣一器的匣钵单件装烧为主，几乎所有的器物外底不施釉，以泥质小圆饼垫烧，匣钵以M形占绝大多数。

翠青釉产品的流行时期当在北宋晚期至南宋早期，下限可延续到南宋中期。其生产规模迅速扩大，并传播到了金村以外的大窑以及石隆、溪口与龙泉东区，开始迎来龙泉窑的大发展时期。

3. 乳浊釉阶段

南宋中期前后在生产翠青釉产品的同时开始出现乳浊釉类器物，数量极少，器形仍主要是碗、盘类，釉层较薄，外底不施釉，整体较为粗厚。

　　到南宋晚期，乳浊釉类产品占据了绝对的主流，器物风格上可分成粗放与精细两类。

　　粗放类产品从南宋中期碗延续下来，胎体厚重，底厚而足宽，内腹刻划花装饰基本消失，代之以外腹的粗凸莲瓣纹。釉色粉青或青黄色，粉青色釉一般釉层较厚，呈失透的乳浊状，而青黄色釉则多为早期常见的透明状玻璃釉。较粗的器物施釉不及底，仍以泥质小圆饼垫烧，使用M形匣钵一匣一器装烧。（图10）

　　精细类产品主要有宽沿小盘、折腹小洗、莲瓣纹碗、莲瓣纹盘等，器形多较小而精巧，胎质更细，胎体薄，圈足细薄。素面为主，

少量器物外腹有凸莲瓣纹。釉多呈粉青色，釉层厚，乳浊感强，质量极高，是龙泉窑的精品，但精致程度仍不及同时期大窑的产品。施满釉，足端刮釉，使用较大的瓷质垫饼垫烧。（图11）

　　金村地区的窑业一直延续到元明时期。元明时期金村地区的乳浊釉产品总体面貌与大窑相似，但质量相对较差，没有大窑地区习见的高等级产品，而刻划花装饰技法似乎一直较为盛行。

　　金村地区的乳浊釉产品当是受大窑地区的影响而出现，不仅时代上滞后于大窑，且质量亦较为逊色。

图8　金村地区淡青釉标本

图9　金村地区翠青釉标本

图10　金村地区粗放类乳浊薄釉标本

图11　金村地区精细类乳浊厚釉标本

图 12　大窑地区乳浊厚釉盆

（二）大窑、石隆、溪口地区的窑址

大窑地区在北宋晚期接受金村地区窑业的影响开始烧造瓷器，两地产品面貌非常接近，但最高质量的产品似乎仍主要在金村地区。南宋早期，大窑地区接受汝窑影响生产一种失透的产品，南宋中期前后，大窑的乳浊釉青瓷烧造技术迅速发展，并出现多次上釉的厚釉类产品（图12），这一技术扩张到金村、石隆、溪口以及东区，成为时代的主流，南宋晚期到元代达到鼎盛，高质量的青瓷产品生产一直延续到明代早期。因此大窑地区是南宋、元与明代龙泉窑的最核心产区。

石隆与溪口地区在北宋末期或两宋之际开始窑业生产，南宋中期前后规模扩大、质量提高，但均无法与大窑地区相比。由于石隆与溪口地区与大窑几乎处于同一山谷中，所以其北宋末期的窑业更可能是受大窑扩散的影响而出现的，南宋与元明时期更是与大窑最为接近的窑业地区，因此石隆与溪口可以与大窑看作同一类型，是大窑的重要补充。

四、龙泉东区的窑业

龙泉东区的窑业主要位于龙泉县城的东部，在云和县的西部亦有少量的分布，基本沿瓯江两岸布局，在20世纪70~80年代紧水滩水库修建后，大部分窑址已被淹没。

东区窑业情况比较复杂，从目前的考古材料来看，其窑业最早出现的时间可能与溪口、石隆等地差不多，约在北宋末期或两宋之际，面貌上亦为透明薄釉刻划花产品。尽管东区在南宋至元代有少量窑址，如云和梓坊等，亦生产质量较高的厚釉素面青瓷，甚至是黑胎产品，但整体上看，南宋及以后这种刻划花薄釉技术的延续性

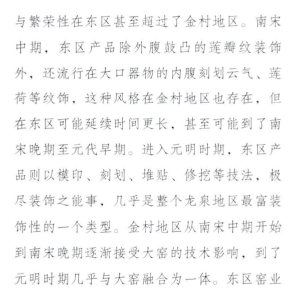

图 13　龙泉东区青瓷标本

图 14　龙泉东区黑胎青瓷标本

与繁荣性在东区甚至超过了金村地区。南宋中期，东区产品除外腹鼓凸的莲瓣纹装饰外，还流行在大口器物的内腹刻划云气、莲荷等纹饰，这种风格在金村地区也存在，但在东区可能延续时间更长，甚至可能到了南宋晚期至元代早期。进入元明时期，东区产品则以模印、刻划、堆贴、修挖等技法，极尽装饰之能事，几乎是整个龙泉地区最富装饰性的一个类型。金村地区从南宋中期开始到南宋晚期逐渐接受大窑的技术影响，到了元明时期几乎与大窑融合为一体。东区窑业

的独立性明显高于金村类型，北宋末期或两宋之际，这一地区始烧的窑业技术可能来自于大窑—石隆—溪口一线的扩张，但在南宋中期以后并没有像金村一样牺牲个性来提高质量，而是将刻划花装饰的薄釉技术进一步发扬光大，质量相对来说比较一般，尤其是进入明代中后期，几乎可以"质粗色恶"来形容。（图 13）

最近，我们在东区也发现了烧造黑胎青瓷的窑址，产品面貌与小梅瓦窑路窑址接近。（图 14）

五、丽水地区龙泉外围的窑业

龙泉窑业核心产区的外围亦分布着少量的窑场，虽然数量不多，但类型较为丰富，包括龙泉窑、建窑与青花瓷窑等。

（一）龙泉窑类型

丽水地区龙泉外围烧制龙泉窑类型产品的主要包括青田的万埠窑址、缙云的大溪滩

窑址群、遂昌的湖山窑址群、庆元的竹口窑址群等，其中缙云大溪滩与庆元竹口窑址群的规模较大。

1.缙云大溪滩窑址群[4]

大溪滩窑址群位于缙云县壶镇大溪滩村，这里是好溪的上游地区，也是进入金衢盆地的门户，溪两岸为地势相对平坦的低山丘陵，窑址即分布于溪畔的丘陵地带。目前发现窑址20多处，时代基本为宋元时期，按产品质量大致可以划分成精、粗两大类。

（1）精制类产品

精制类产品主要有碗、瓶、鬲式炉、奁式炉、盏、折沿小洗、蔗段小洗、高柄杯等(图15)。制作规整，造型端庄大方。以素面为主，少见纹饰装饰，部分碗类器物的外腹饰以粗凸的莲瓣纹，鬲式炉之类的器物则以出筋为饰。胎色灰白，胎质细腻。釉层厚而均匀，釉面肥厚而莹润，玉质感强，釉色多为青黄色或粉青略泛灰色。基本为满釉，足端刮釉垫烧。使用瓷质垫饼在匣钵中装烧，多为单件装烧，使用M形匣钵。

早期的这类器物与龙泉地区南宋晚期至元代早期的产品较为接近，如鬲式炉、折沿小洗、莲瓣纹碗等。由于此类型的器物在龙泉地区一直延续到元代早期，考虑到外围地区生产具有一定的滞后性，不排除其上限为元代早期的可能性。而从高柄杯的竹节形等形态与纹饰来看，其下限当已进入明代。

据此，此种精制类产品的生产可能从南宋晚期或元代早期一直延续到明代，从窑址调查情况来看产量比较小。

（2）粗制类产品

粗制类产品以碗类器物为主，其次是盘与碟类器物（图16）。胎体普遍较为厚重，尤其是底足部分的胎壁较厚。胎色土黄，胎普遍较粗，并夹有少量黑色斑点状杂质，胎质较疏松，有较多的细小气孔。青黄色釉，釉层较薄而均匀，但玻璃质感不强，较干枯而缺少润泽度。外底不施釉。有较多的纹饰装饰，技法上主要有刻划花与印花两种，刻

图15 大溪滩窑址群精制类青瓷产品

图16 大溪滩窑址群粗制类青瓷产品

划花主要是在碗类器物的内腹刻划莲荷等纹饰，印花则是在碗的内底印以小朵的折枝花卉。亦有在碗底装饰印章形的文字，内容主要有"河滨遗范""河滨清凉""金玉满堂"等。装烧方面普遍使用匣钵叠烧技术，即在较高的 M 形匣钵内叠烧多件器物，最下面一件器物与匣钵之间垫以陶质的泥饼，可以大大提高器物的装烧量。叠烧可以分成两种方式：一种是器物之间仅用泥点间隔，另外一种是在器物的内底刮釉形成涩圈再叠烧。

结合龙泉地区的窑业发展过程来看，粗制类产品的时代可能与精制类产品基本一致，始于南宋晚期或元代早期，延续至明代，主体属于元代。

在窑址中还发现了粗、精两类产品同窑合烧而粘连的标本，精制产品放置于叠烧器物的最上面，下面为一叠粗制类器物，表明这两类制品很可能是同时烧造的，而并非像《缙云大溪滩窑址群地面调查简报》中所谓的先有精制类产品，再有粗制类产品。在浙江的制瓷史上，多件叠烧的器物中优先保证最上面一件器物质量的情况不乏其例。如唐代的越窑亦为匣钵叠烧，同一匣钵内下面的多件器物通常外腹施釉不及底以使叠烧时不易粘连，而最上面一件不仅施满釉，且通常釉层更厚、润泽度更佳，一般是该窑址的精品器物。由于大溪滩窑址未经正式发掘，具体情况并不明确，但从采集到的标本来看，其生产情况很可能与唐代越窑一致，粗、精两类制品始终共存。

2. 遂昌湖山窑址群

遂昌的窑址以湖山窑址群最具代表性，亦包括金钩里、坑里潘、周村、摇风亭等多处窑址。

产品亦可划分成精、粗两类，以粗制产品为主，但差别没有缙云大溪滩窑址群明显，精制类产品的质量远不及前者。

器物主要是碗、盘类。精制类产品胎色灰白，胎质较为细腻坚致；青绿色釉略厚，玻璃质感强，有一定的润泽度，但质感不强；装饰主要是外腹的凸莲瓣纹和内底的印花纹，内底的印纹除简单的折枝花卉外亦有双鱼等。粗制类产品则基本为灰黑色胎，胎质较粗；釉色以土黄色为主，玻璃质感不强，釉面干枯而缺少光泽；装饰既有外腹的凸莲瓣纹，也有内底的印花与内腹的印花，纹饰题材除折枝花卉外亦有人物故事，不同的题材可能代表了不同时期的风格。（图17）

图17 湖山窑址群青瓷产品

两类制品均外底不施釉。装烧方式应该基本一致，为匣钵多件器物叠烧，匣钵与器物之间使用陶质泥饼垫烧。叠烧方式有三种：第一种是器物之间使用泥点间隔；第二种是器物的内底外圈刮釉形成涩圈叠烧；第三种则是器物内底中心刮釉形成圆形的叠烧区域。三种叠烧方式应该略有早晚，大致代表了三个不同时期。

3. 庆元竹口窑址群

竹口是庆元西北部的一个大镇，流经该镇的竹口溪从地理位置上看已属于闽江流域。竹口镇周边的窑业在面貌上亦与瓯江流域同属竹口镇的上垟地区差别较大，后者是龙泉南区核心窑址群的组成部分，而前者表现出更多的边缘窑业性状。

竹口镇周边的窑址面貌相当复杂，虽然以龙泉窑为主体，但浙江纯烧黑釉的建窑系窑址亦在此地，此外还有一定数量的青花瓷窑址，这是浙闽赣三省交界地区窑业文化的集中交流与分布区。

竹口镇地区除潘里垄以生产黑釉建盏为主的窑址（编号为Y2）经过正式发掘外，其他窑址多仅限于地面调查，因此面貌并不是十分清晰。

从调查情况来看，该地区最早的窑址是潘里垄编号为Y1的建窑黑釉瓷器与龙泉青瓷合烧的窑址（图18）。采集到的零星标本基本为莲瓣纹碗，胎色灰白，胎质较为细腻，釉层厚而均匀，釉面莹润饱满、玉质感强，足端刮釉以垫烧。窑具为M形匣钵与瓷质的

图18 龙泉窑青瓷与黑釉瓷器合烧

垫饼。垫饼有两种，一种略近扁圆形，另外一种底部外凸近T字形。这两种垫饼广泛流行于南宋晚期与元代，尤其是后者，为元代较为典型的垫具。结合Y2的发掘情况来看，潘里垄窑址的时代当为南宋至元代前后。

其他窑址虽也有元代产品，但主体堆积当为明代，我们在竹口镇窑址附近民居的泥墙上发现了扁圆形的瓷质垫饼，时代应该是南宋至元代，但窑业规模远不如明代庞大。

明代应该是竹口地区窑业的最鼎盛时期（图19）。其中新窑地区的产品质量比较差，器物以碗类占绝大多数，胎体厚重，基本素面无纹。胎质粗疏，胎色灰黑。釉层较薄，釉色青灰而润泽度不强，外底不施釉。以M形匣钵单件装烧，器物与匣钵之间使用陶质泥饼间隔。而竹口镇西边的中心地区则基本不见此类灰黑色胎器物，器形极为丰富多样，碗是大宗产品，其次是盘，此外各种形态的三足炉、瓶数量亦不在少数，鼓形凳、各种动物造型的熏和小塑像等颇具特色。胎色多

图 19　竹口地区明代窑址堆积

较灰白，胎质略显粗松。釉层较薄而玻璃质感强，釉色多呈豆青色，外底多不施釉。流行纹饰装饰，主要是粗线条的刻划花。碗、盘类器物仍旧以匣钵内多件叠烧为主，器物内底刮釉以防黏结，瓶类器物当为匣钵单件装烧。

这一地区窑址的晚期地层中龙泉窑青瓷产品与青花产品并存，从龙泉窑青瓷到青花瓷有一个清晰的演变过程，代表了龙泉窑最晚时期的基本面貌，其下限可能到了清代。

4.青田万埠窑址

万埠窑址采集的标本主要为碗、盘、碟、小洗类器物，从器盖的存在看应该有罐类琢器。造型总体较厚重，尤其是底部较厚实。胎色灰白，胎质较细。釉色青黄。流行刻划装饰，碗、盘类大口器内腹或内外腹均有，以粗线条结合篦划纹刻划花卉，风格较为粗放。该窑址的产品类型、器形、胎釉特征、装饰等与龙泉窑两宋之际的产品几近一致。

青田的山根垟窑址，产品属于北宋中期前后越窑系。青田处于瓯江的中游地区，在龙泉与温州之间，该地区宋代窑业的变化，一方面体现了越窑与龙泉窑的消长，另一方面也反映了这里是古代窑业交流的通道，越窑经过此地区向龙泉传播，而龙泉窑亦从此地区向外辐射。

（二）建窑类型

建窑以及建窑系的窑址主要集中在庆元的竹口地区，这里有浙江纯烧建窑黑釉产品的窑址。丽水地区烧造建窑与建窑系产品的窑址可以划分成四种类型：一是纯烧建窑产品；二是与龙泉青瓷合烧，产品面貌与建窑十分接近，产量与比例亦比较大；三是与龙泉青瓷合烧，产品面貌与建窑接近，比例极低；四是与龙泉青瓷合烧，产品面貌与建窑差别比较大，是建窑经过改造的地方类型。

第一种类型以庆元潘里垄 Y2 为代表，是纯烧建窑黑釉产品的窑址[5]。该窑址于 2011 年经过正式考古发掘，清理出龙窑炉 1 条，产品以黑胎黑釉瓷束口盏占绝大多数（图20），兼有极少量黑釉擂钵、执壶、罐、盆、缸等。窑具有漏斗形匣钵、M 形匣钵、圆形泥质垫饼、圆柱形支烧具等。漏斗形匣钵明显具有福建风格，不见于浙江传统的青瓷窑业中。

第二种类型以庆元潘里垄 Y1 为代表，产品包括龙泉窑青瓷器与建窑黑釉瓷器。黑釉瓷器的产品面貌及装烧方式与庆元潘里垄 Y2 基本一致，亦具有明显的福建文化特征。

图20　黑釉盏

第三种类型分布范围比较广。在龙泉窑核心分布区的龙泉南区大窑、溪口等地经常能采集到零星的建窑黑釉标本，通常质量比较高，但由于数量较少，不能确定是否为本地区烧造。在龙泉东区的部分窑址中也有发现，虽然所占比例不是很高，但数量要比南区多许多，同时还采集到了与匣钵黏结的标本，证明是本地区烧造的。产品面貌与建窑黑釉比较接近，但黏结有标本的匣钵均为龙泉窑的 M 形匣钵，说明建窑的影响已相当弱了。

第四种类型主要集中在缙云的大溪滩窑址群。这一窑址群除了生产龙泉窑产品以外，还烧造少量的黑釉器物，器形基本为束口的盏，胎色灰黑，黑褐色釉较薄，部分器物口沿有浅色釉一圈。此类器物明显受建窑影响，在金衢地区较为常见，其釉层较建窑为薄，玻璃质感没有建窑强，口沿一圈浅色釉的做法更不见于建窑，是对建窑产品改造后的一种地方类型。缙云邻近金华，此类产品可能是受婺州窑影响而出现的。

（三）青花瓷窑类型

这一类型的窑址主要集中在庆元的竹口一带，包括下济、樟坑等窑址，此外竹口镇生产龙泉窑青瓷的窑址在中晚期亦生产青花瓷器。时代可能在明末清初。

下济窑址的产品质量相对比较高，以碗、盘类器物为主，胎色灰白，胎质细密。釉色青中泛白，玻璃质感强。通体施釉，仅足端

图21 青花瓷标本

刮釉以垫烧。青花纹饰多数较为简单，盘类器物的内底与腹部较为复杂，主要有人物、花卉等。颜色多较暗，少部分发幽蓝之色（图21）。窑具主要是M形匣钵，多数器物使用匣钵装烧。[6]

樟坑窑址的产品质量明显较下济窑址为差，纹饰更为简单。窑具主要是间隔具，涩圈叠烧。明火裸烧而不见匣钵。

六、纪年墓及墓葬材料所反映的龙泉窑兴衰过程

从目前的材料来看，龙泉窑的创烧当在唐代，发展于北宋早中期，北宋晚期形成自己的特色，南宋早期因乳浊釉类产品的创烧而迎来了根本性的转折，南宋中晚期与元代是最兴盛的时期，明代早期仍生产相当数量的精细瓷器，明代中期以后逐渐衰落。这一发展脉络在丽水地区以纪年墓为代表的墓葬中有一个清晰的表现。

（一）南朝至北宋早期

丽水地区出土有瓷器的纪年墓最早为南朝时期，在缙云、云和与龙泉等地均有发

现，产品可以划分成两种类型。一种胎色较深，呈深灰色或灰黑色，釉色亦较深，除青釉产品外还有黑釉类器物。由于胎色深胎质粗，釉下通常施一层化妆土。这类产品在金衢地区同时期的婺州窑中习见，器形、胎釉特征都基本一致，在本地区窑址没有相关发现的情况下，我们有理由相信是从金衢地区输入的。另外一种胎色较浅，釉色亦较浅，呈翠青色。这种釉色既不见于越窑与婺州窑，也与瓯窑发现的东晋南朝时期窑址产品面貌相差比较大，其产地目前并不清楚。朱伯谦先生认为可能是本地生产的，聊备一说。

隋至北宋早期之间的纪年墓缺如，丽水地区各博物馆所藏这一时期的瓷器数量亦不是很多，为多年来墓葬中陆续出土，出土情况均有详细记录。产品以碗类器物为主，其中多角罐类器物颇具特色。胎质普遍较为粗松，釉色青黄而容易剥落。素面为主，在庆元博物馆藏有多件带简单褐彩的器物。胎釉特征与本地黄坛等窑址的产品较为接近，亦与婺州窑产品相似，总体上应是受婺州窑影响，同时兼具福建一带的特征，尤其是靠近福建的庆元地区，其褐彩类器物在闽北地区大量存在。

综上，可以认为这一时期龙泉窑的规模非常小，特征不明显，主要受婺州窑影响。

（二）北宋早中期

北宋早中期前后的纪年墓仍旧不见，但龙泉与庆元地区可以确定是这一时期的墓葬数量明显增多，丽水地区各博物馆收藏的龙泉窑瓷器，即传统上称为"淡青釉"的产品亦较为丰富，以龙泉查田镇上墩墓葬出土的执壶、盘口壶与五管瓶最具代表性（图22~24）。这三件器物胎釉特征基本一致，胎色灰白，淡青色釉施釉均匀，釉层薄而透明，玻璃质感强，釉面莹润饱满，满釉垫圈垫烧。装饰上繁简不一。执壶最为简单，仅在颈部有数道细弦纹，腹部由两道一组的凸弦纹划分成四瓜棱形。盘口壶的上腹部与盖面有简单的鸡冠状堆贴。五管瓶装饰最为复杂：肩部堆贴短的多角形花口管，管之间划细花，下为鸡冠状堆贴一圈；中上腹部装饰覆莲纹，近似于浅浮雕；下腹以双凸弦纹分成六格，内填以细划花纹。盖下部呈浮雕的重莲瓣形，瓣脊凸起，瓣面填以细茎络，刻划细腻；盖顶以荷叶与荷花蕾作纽，旁边堆贴四只小鸭，昂首优游。这几件淡青釉产品代表了龙泉窑的基本生产水平，即已能生产部分高质量的产品并形成一定的风格。

从整个丽水地区的墓葬出土情况来看，淡青釉龙泉窑瓷器的出土以龙泉市最为集中，其次是庆元县，而出土地点则主要集中在龙泉南区与庆元的竹口一带，符合北宋早中期窑业生产主要集中在龙泉与庆元两县市交界的金村地区这一事实。说明这一时期龙泉窑青瓷的生产规模不是很大，市场主要在本地区范围内，甚至集中在更小范围的窑场周边地区。

图22　上墩墓葬出土的执壶　　　图23　上墩墓葬出土的盘口瓶　　　图24　上墩墓葬出土的五管瓶

除龙泉与庆元的窑业生产区外，此类产品在松阳亦有少量的出土。

松阳县位于龙泉市东北，是浙西南地区的交通要道，旧时陆上古道纵横，可通金华、衢州、丽水、龙泉，可能是龙泉窑早期陆上向北输出的重要通道。虽然早期龙泉窑淡青釉产品产量比较低，但还是沿着这一通道到了松阳等地区。

除龙泉窑淡青釉产品外，丽水地区诸博物馆所藏这一时期的瓷器数量不多。北边的缙云等地区既有越窑系青瓷，也有婺州窑系青瓷，另外有一部分产品釉色偏淡，与南朝时期这一地区的青瓷器一样，仍旧不能明确其产地。庆元地区则有一定数量以青黄釉、彩绘为基本特征，胎釉质量比较粗的福建地区风格青瓷器。

由复杂的瓷器出土与分布格局来看，这一时期的龙泉窑产量与影响不大，甚至连占领本地区市场的能力都没有。同时整个丽水地区这一时期的瓷器出土数量并不是很多，产品质量亦不高，也反映了该时期丽水地区在文化上尚无法与浙北的一些地区相比。

（三）北宋晚期至南宋早期

与前一时期相比，丽水地区出土的北宋晚期龙泉窑青瓷无论是数量还是质量均有迅速的提升，并且出现了较高等级的纪年墓葬。

松阳的元祐六年（1091年）墓虽然未经正式发掘，但仍出土24件瓷器，其中龙泉青瓷9件、青白瓷12件、建窑黑釉盏1件、不明窑口青瓷2件。这一出土状况与中国南方地区主要的窑业格局是相吻合的。

以生产高质量青白瓷闻名的湖田窑创烧于五代，发展于北宋早期，兴盛于北宋晚期至南宋早期。北宋晚期到南宋早期的青白瓷造型秀美精巧，胎质精细，胎壁薄腻，体薄透光，釉色莹润亮丽，釉质如玉，釉面晶莹剔透。装饰以刻花、划花为主，印花装饰渐趋流行，纹饰仍以莲荷、牡丹、菊花等为主，手法简练，技巧娴熟[7]。这一时期的湖田窑产量巨大，产品遍及大半个中国，深受消费者的喜爱。浙江地区除大量输入湖田窑青白瓷产品外，还引进其烧窑技术，直接在本地区烧制青白瓷，这一类型的窑址在浙江西南部地区有较大数量存在。元祐六年墓随葬的器物以青白瓷为主，正是湖田窑居于这一鼎盛时期的反映。南方越窑衰落、龙泉窑尚未完全兴起，湖田窑基本上是一枝独大。

元祐六年墓出土的龙泉窑青瓷不仅数量多，而且质量很高，尤其是执壶与三足炉类器物极为少见。这一方面说明龙泉窑正居于迅速上升的阶段，也反映了它已摆脱越窑的影响，无论是胎釉特征还是装饰风格、装烧工艺等均开始形成自己的特色，龙泉窑作为一个独立的窑口真正登上了历史的舞台。

建窑产品的数量不多，仅有一件盏，镶银扣，胎釉质量很高，是建窑的典型产品。从其口沿扣银的做法来看，这类产品是受到相当珍视的，说明建窑此时已成为一大名窑。

两件不能确定窑口的器物胎釉质量比较粗，胎中夹杂有较多的粗颗粒，釉色青黄，玻璃质感不强，不排除是来自于金衢地区的可能性。金衢地区的窑业品质虽然一直不是很高，但生命力非常顽强，是浙江窑业历史

最为悠久的地区。

从丽水地区各博物馆的馆藏瓷器来看，这一时期的龙泉窑产品亦成为大宗，数量多、质量高。但从全国范围来看，此类产品仍旧集中在丽水地区，尤其是丽水的龙泉、庆元与松阳，与北宋早中期的格局相比变化并不是很大，说明这一时期的龙泉窑产品还是以地方消费为主体，松阳北输通道的地位仍旧不容小觑。

从产品类型上看，墓葬中出土的五管瓶类器物比例非常之高，几乎成了本地区独具特色的一种葬俗，同时也从侧面反映了这一时期的龙泉窑仍是一个区域性窑口。

（四）南宋中期

龙泉窑成规模、成序列的烧造当始于金村地区，到了北宋晚期前后扩展到大窑等地。从窑址发掘成果来看，大窑地区在南宋早期开始引进乳浊釉类产品的生产技术，这一技术变革不仅迅速奠定了大窑新的窑业生产中心的地位，并且真正形成了传统上所谓的龙泉窑乳浊厚釉青瓷，从而开启了龙泉窑全面繁盛的时代。

从目前的窑址材料来看，乳浊釉青瓷应该出现于南宋早期，成熟于南宋中期甚至更早，鼎盛于南宋中期至元代，明代仍旧烧造部分高质量的青瓷，但元代晚期至明代整体处于下坡时期。

从纪年墓来看，南宋早期的乳浊釉纪年材料缺如，但南宋中期前后的材料则有不少，主要有丽水市区的何偁墓、李垕妻姜氏墓，

庆元的胡纮夫妇合葬墓，松阳的程大雅墓。这几个墓以何偁墓最早，为 1178 年，出土的两件龙泉窑青瓷已完全乳浊化，但釉层仍旧较薄，是单次施釉的薄釉。与何偁墓相隔不到 20 年的松阳程大雅墓（1195 年）中出土的六件龙泉窑器物釉层明显更厚，玉质感也明显加强，但多次施釉的痕迹并不明显。再之后 10 年左右的庆元胡纮夫妇墓葬中（胡纮卒于 1203 年，其妻迁葬于 1205 年），龙泉窑器物多次施釉的痕迹已十分明显，釉层更厚，玉质感也更强，已与龙泉窑柔和如玉的鼎盛时期产品非常接近。这一时期的产品大概延续了约 20 年，1222 年丽水李屋妻姜氏墓出土器物的特征与胡纮夫妇墓出土的非常一致。

由丽水地区纪年墓材料建立的龙泉窑乳浊釉的起源及兴盛过程总体脉络不会错，况且这也与我们通过窑址材料建立的发展过程基本吻合，但龙泉的窑业非常庞杂，实际的发展过程要复杂得多。

通过近些年的调查，我们将龙泉地区的窑业发展划分成至少三个类型，即金村类型、大窑类型（包括石隆与溪口）、东区类型，这几种类型多数时间各有特色、齐头并进。

金村类型北宋淡青釉产品的透明薄釉和刻划花装饰特征，一经出现就获得了强大生命力，并在北宋晚期至南宋早期达到顶峰，到南宋中期虽然由繁入简，但薄釉刻划花装饰仍是金村地区主流，一直延续至元明时期。南宋晚期则在鼓凸莲瓣纹装饰的乳浊釉产品基础上生产一批极精致的厚釉类产品，进一步大窑化，而自身特征不断减少。元明时期，金村地区产品已与大窑地区几无区别。

龙泉市博物馆所藏开禧年间（1205~1207 年）青瓷碗可看作是对纪年墓建立的龙泉窑发展过程的一个补充。该碗釉层薄但失透，内腹有简单的刻划花装饰，与差不多同时期的胡纮夫妇合葬墓出土的器物迥然有别。这种类型的器物在金村与龙泉东区均有大量的存在，可以看成是这两个类型窑业的典型器物。再求之于丽水地区的诸博物馆，此种刻划花风格的器物亦不在少数，说明其仍旧有相当的生产规模。

这一时期有纪年的龙泉窑青瓷的出土在丽水地区仍旧是大宗，但在江西吉水、清江、南昌，四川彭山，湖北武昌等地亦有发现，反映这一时期的龙泉窑已成为一个全国性的大窑场。

而再回到丽水地区纪年墓出土瓷器的整体情况来看，龙泉窑产品成了绝对的主流。胡纮夫人墓中出土 3 件青白瓷，数量已远远无法与松阳元祐六年墓相比了，且器形较小，品质较低，胎釉质量亦不高，说明这一时期湖田窑已处于衰落状态，其地位已被龙泉窑所取代。何偁墓中的青黄色釉粗瓷再次显示了这一类型产品的强大生命力，而共出的彩绘瓷器很可能来自于福建地区，说明这一时期闽北的影响仍在持续。

（五）南宋晚期至明代早期

就龙泉窑而言，这一时期国内几乎没有

一个窑口可以出其右者。丽水的沈道生墓与叶梦登妻墓中出土的青瓷质量非常高，可能是身前实用，死后随葬。专用的随葬明器当然也有，如成对出现的龙虎瓶，可能是早期五管瓶类器物的发展与延续，但比例远远低于前一时期，在整体窑业中并不显得如何突出。而缙云明代系列家族墓普遍随葬以小盖罐，内装谷物，当已形成又一种特殊的葬俗。这类小罐在丽水乃至闽北地区都有广泛的分布，数量颇为庞大，可以看作该地区独特葬俗的一种反映。

从丽水地区来看，龙泉市博物馆所藏青瓷器无论是品质上还是数量上均远远超过其他地区，凸显了龙泉地区无与伦比的地位。而从全国范围来看，这一时期的龙泉窑纪年墓材料，除南方地区外，在河北、辽宁等北方省份亦有分布。而作为珍贵的藏品，这一时期的龙泉青瓷更是遍及海内外各博物馆。

（六）明代晚期至清代

这一时期的墓葬已基本超出考古范畴，不仅纪年墓非常少，普通墓葬也很少发掘。在遂昌地区两座这一时期的纪年墓葬中均没有随葬龙泉窑青瓷，虽然不能代表龙泉窑的全部，但也从侧面反映了龙泉窑的极度衰微。这一时期龙泉窑质量极度下降，规模也迅速萎缩，一直作为窑业中心的龙泉地区甚至大有被庆元竹口所取代之势。

由于庆元地区相对地位的上升，丽水地区诸博物馆这一时期的藏品主要见于龙泉与庆元两地，似乎又回到了最早的淡青釉时期的状况，龙泉窑也回到了地方小窑口的状态。

以上是以墓葬为主、结合丽水地区各博物馆藏品对龙泉窑的发展脉络所做的一个粗线条梳理，而这一发展脉络与我们通过窑址考古所建立的发展过程是基本一致的。

[1] 浙江省文物考古研究所等：《浙江省丽水县吕步坑窑址发掘简报》，《浙江省文物考古研究所学刊（第七辑）》，杭州出版社，2005年。

[2] 江山县文物管理委员会：《浙江江山隋唐墓清理简报》，《考古学集刊·第3集》，中国社会科学出版社，1983年。

[3] 江山县文物管理委员会：《浙江江山隋唐墓清理简报》，《考古学集刊·第3集》，中国社会科学出版社，1983年。

[4] 黄彩红、陈福亮：《缙云大溪滩窑址群地面调查简报》，《东方博物·第三十三辑》，浙江大学出版社，2009年。

[5] 刘建安：《庆元县潘里垄宋代窑址出土茶器考论》，《东方博物·第四十八辑》，浙江大学出版社，2013年。

[6] 叶海、刘建安：《庆元县下济清代青花窑址调查简报》，《东方博物·第五十辑》，浙江大学出版社，2014年。

[7] 陈雨前：《宋代景德镇青白瓷的历史分期及其特征》，《中国陶瓷》2007年第6期。

目　录

001 缙云县
西晋永宁元年（301 年）墓

1993 年 4 月由浙江省文物考古研究所与缙云县文物管理委员会办公室联合在缙云县新建镇洋山红砖厂发掘清理。共发现砖室墓 4 座，其中 M3 有纪年砖，有"永宁元年八月十五日更立作□""君子"铭文。

1. 玛瑙琉璃珠
缙云县博物馆藏
长 1.3、高 0.6 厘米

2. 银戒指
缙云县博物馆藏
直径 1.7 厘米

3. 银手镯
缙云县博物馆藏
直径 6.3 厘米

4. 铜镜
缙云县博物馆藏
直径 9.5 厘米
残。整体呈圆形。中心置一圆纽，以纽为中心贴塑神兽并弦纹圈、三角形纹样。

5. 铜镜
缙云县博物馆藏
直径 11.2 厘米
整体呈圆形。中心置一圆纽，以纽为中心贴塑神兽并弦纹圈。

2. 银戒指

1. 玛瑙琉璃珠

3. 银手镯

4. 铜镜

5. 铜镜

002

龙泉市
南朝宋永初元年（420 年）墓

目前仅在龙泉市博物馆保存有两件器物，墓葬情况不明，据龙泉市博物馆档案记载为永初元年墓。

1. 青瓷碗

龙泉市博物馆藏

口径 15.5、底径 8、高 9 厘米

敞口，深弧腹，饼形底。口沿下有凹弧一道，腹中部为粗莲瓣纹，以双细线刻划轮廓，莲瓣以上作减地法凸现。浅灰胎。翠青绿釉，通体施釉。外底外圈有垫烧留下的泥点痕。

2. 青瓷鸡首壶

龙泉市博物馆藏

口径 8.8、底径 12.1、高 29.5 厘米

盘口较深，细长颈，圆肩，深弧腹略内收，饼形平底。肩部有细长的鸡首，与鸡首对称的位置是龙形柄，两侧为桥形系。深灰胎。青绿釉。除外底以外通体施釉。从底部釉层来看，当施有化妆土。

1. 青瓷碗

2. 青瓷鸡首壶

003

缙云县
南朝齐永明八年（490年）墓

2008年6月22日于缙云县壶镇镇李庄大坟山清理。墓砖铭文有"永明八年""茅针次""茅小杼""茅大杼""大缓"等。

1. 青瓷盘口壶

缙云县博物馆藏

口径18、底径12.2、高44厘米

残。盘口，微敞，长束颈，圆肩，腹部斜收，平底。灰黄胎。青黄釉，剥釉现象严重。外施釉至下腹，外底部露胎无釉。

2. 青瓷钵

缙云县博物馆藏

口径9、底径5、高4.3厘米

残。敞口，浅弧腹，平底微内凹。灰黄胎。青黄釉，剥釉现象严重。

3. 青瓷钵

缙云县博物馆藏

口径8.5、底径5、高4厘米

残。敞口，浅弧腹，平底微内凹。灰黑胎。青黄釉，剥釉现象严重。

4. 黑釉钵

缙云县博物馆藏

口径14、底径6、高6厘米

残。敞口，浅弧腹，平底微内凹。灰黄胎。黑釉，布满小开片。外施釉至下腹，外底部露胎无釉。

5. 五铢钱（一组）

缙云县博物馆藏

直径2厘米

共3枚。两枚残。

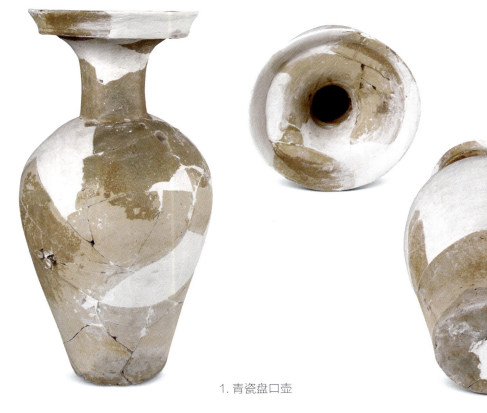

1. 青瓷盘口壶

2. 青瓷钵

3. 青瓷钵

4. 黑釉钵

5. 五铢钱（一组）

004
缙云县
北宋皇祐四年（1052 年）周氏墓

1992 年于缙云县城五云镇（今五云街道）寺后建房工地清理。出土青白瓷碗 1 件、菱花形铜镜 1 件、墓志 1 方。据墓志载，墓主人卒于皇祐四年。

1. 青白瓷碗
缙云县博物馆藏
口径 16.2、足径 7.5、高 7.8 厘米
残。敞口，唇口，斜弧腹，高圈足。白胎，胎质较粗。青白釉，布满小开片。

2. 铜镜
缙云县博物馆藏
直径 13.2 厘米
整体呈葵花形。中心处置一纽，一侧有方形框，内有铭文，漫漶不清。

3. 墓志
缙云县博物馆藏
高 61、宽 60.5、厚 11 厘米
完整。"宋赠缙云县君周氏墓志铭"，铭文清晰。

1. 青白瓷碗

2. 铜镜

3. 墓志

儒林郎……松書……

明請……軍畫……郎都
新安匜……士
橋……連水軍
即知……為……
君固……遇疾不得仕……
緒雲縣……
廙于春……官遇疾不得……性幼顧
敬之……德出于天性……顧省其內顧
孝……
無于夫人……克幹其家使廢父……內其之
校鄉……
如其親待其夫與顧省其內……
賓客尤鳳事不辭夫人……之
于祭瀷……
則於長安太夫人終老念之不忘也
其始長安太夫人……
初七日以……宰于溫州之……官舍……年

005

龙泉市
北宋熙宁三年（1070年）墓

墓葬情况不明。该墓所出五管瓶盖内有墨书"庚戌十二月十一日"等字，因此瓶具北宋晚期龙泉窑特征，故判断该"庚戌"为1070年。

青瓷五管瓶

龙泉市博物馆藏

口径7.3、足径7.8、通高29.1厘米

由瓶盖和瓶身两部分组成。瓶盖方唇，直口，平沿，顶部中心置一葫芦形纽，外素面。瓶身方唇，直口，短直颈，肩腹部呈上下五级，于第二级上置五个圆管，圈足。第一、二、三、四级上饰折扇纹，第五级上饰仰莲瓣纹双层，填以篦纹。灰胎。青黄色透明薄釉。全器满施釉，瓶盖内面、瓶身口沿及外底部露胎无釉。外底部黏结有泥质垫饼残件。瓶盖内有墨书"庚戌十二月十一日太原王记"字款。

006 龙泉市
北宋元丰年间（1078~1085 年）墓

目前仅在龙泉市博物馆保存有两件器物，墓葬情况不明。器物为村民建房时由古墓中挖出，博物馆接收时在器底墨书"时代北宋元丰"，当时可能有墓砖类纪年材料。

1. 青瓷盘口瓶
龙泉市博物馆藏
口径 8.7、足径 7.3、高 22.4 厘米
失盖。瓶身方唇，盘口，长直颈，丰肩，深弧腹，圈足。外颈部饰凹弦纹三圈。肩腹相交处饰凸弦纹一圈，下以凸棱将外腹六等分，内各饰一片花卉，填以篦纹。全器满施青色透明薄釉，瓶身口沿及外底部露胎无釉。

2. 青瓷五管瓶
龙泉市博物馆藏
口径 7.5、足径 7.8、通高 27.9 厘米
由瓶盖和瓶身两部分组成。瓶盖方唇，直口，平沿，盖面鼓，顶部中心置一葫芦形纽，以纽为中心饰折扇纹。瓶身方唇，直口，短束颈，肩腹部呈上下五级，于第二级上置五个圆管，扁圆腹，圈足。第一、二、三、四级上饰折扇纹，第五级上饰仰莲瓣纹双层，内填以直条状篦纹。灰胎，胎质较细。青色透明薄釉，较多开片。全器满施釉，瓶盖内部、瓶身口沿及外底部露胎无釉。

1. 青瓷盘口瓶

1. 青瓷盘口瓶

2. 青瓷五管瓶

007

缙云县
北宋元祐二年（1087年）詹象先墓

1990 年 7 月于缙云县城南塘庵清理。墓葬为条石结构。
出土耀州窑青瓷印花碗 1 件、青瓷盒 1 件。据墓志载，
墓主人卒于嘉祐五年（1060 年），其子于天祐元年（1086
年）秋"大飨明堂"，于元祐二年"纳志铭于遂"。

1. 青瓷盒
缙云县博物馆藏
口径 5.5、足径 3、高 4 厘米
失盖。子母口。直口，直腹，圈足。灰白胎。青釉微泛黄，
布满小开片。

2. 耀州窑青瓷印花碗
缙云县博物馆藏
口径 12.4、足径 4.5、高 4 厘米
残。敞口，折沿，沿部下翘，斜弧腹，圈足。内腹及
内心满饰印花纹样。灰白胎。青釉。全器满施釉，外
底足端处露胎无釉。

1. 青瓷盒

2. 耀州窑青瓷印花碗

008 松阳县
北宋元祐六年（1091 年）墓

2003 年 12 月 23 日在松阳县西屏镇（今西屏街道）云岩山北首山脚工业园区建设工地发现，出土遗物后由园区管委会移交松阳县博物馆收藏。由于施工方和建设方园区管委会未报告文物部门，场地平整继续进行，墓葬被破坏，墓葬形制无法考证。该墓葬出土器物 26 件，以瓷器为主，另有少量漆器。瓷器不仅器形丰富，而且品种较多，包括青瓷、影青、黑釉瓷器三大门类。这些瓷器胎釉质量高超，造型优美，属于各自窑口中的精品。青瓷以龙泉窑瓷器为主，多装饰有较为复杂的刻划花纹，少量质量较粗，可能是金衢一带婺州窑产品；影青瓷器胎薄而透明，青白色釉泛湖绿色，是湖田窑鼎盛时期的产品；黑釉瓷器则是典型的建窑盏。

该墓所出六件影青碟外底书"辛未叶宅"，漆盒盖朱书"癸酉温州百里坊，叶宅辛未年"，漆碗外底墨书"丁巳巨州通道内裹金上字号"。因墓葬出土这批瓷器均具北宋晚期特征，故时代应在北宋晚期的"辛未"年（1091 年）前后。

1. 龙泉窑青瓷炉
松阳县博物馆藏
口径 13.2、底径 11.2、高 7 厘米
圆唇，宽平折沿、直口、深直腹，圆形座，底足呈如意形。折沿处饰刻划卷草纹，底座处饰双线莲瓣纹，纹样较细。灰胎，胎质细。青釉，全器满施釉，唯口沿及外底部露胎无釉。外底部有"□戌"款，字迹草率。

2. 龙泉窑青瓷执壶
松阳县博物馆藏
口径 7.1、足径 7.8、高 18 厘米
圆唇，敞口、口部微残，短束颈，圆丰肩，扁圆形深腹，矮圈足。肩部置曲流、牌饰、曲柄，两两对称，曲柄饰三道平行凹弦纹，牌饰上置叶脉状纹饰；腹部以瓜棱状凹痕六等分，内满饰繁缛的花卉及卷草纹。灰白胎，胎质较粗。青釉，全器满施釉，唯外底部露胎无釉。

1. 龙泉窑青瓷炉

2. 龙泉窑青瓷执壶

3. 龙泉窑青瓷钵

松阳县博物馆藏

口径 12、底径 3.8、高 6.5 厘米

圆唇，敛口，斜弧腹，平底。灰白胎。青釉，乳浊釉。全器满施釉，唯外底部露胎无釉。

4. 龙泉窑青瓷盘

松阳县博物馆藏

口径 18.5、足径 5、高 4.4 厘米

圆唇，敞口，斜弧腹，圈足。外口沿下置弦纹双圈；内腹满饰团状花卉纹饰；内心置弦纹一圈，内饰菊瓣纹，填以篦纹。灰胎。青釉。全器满施釉，唯外底部露胎无釉。

5. 龙泉窑青瓷盘

松阳县博物馆藏

口径 18.6、足径 5.8、高 4.4 厘米

圆唇，敞口，斜弧腹，圈足。外口沿下置凹弦纹一圈；内腹满饰团状花卉纹饰；内心弦纹一圈，内饰菊瓣纹，填以篦纹。灰胎。青釉。全器满施釉，唯外底部露胎无釉。

6. 龙泉窑青瓷盘

松阳县博物馆藏

口径 24.4、足径 8.8、高 6 厘米

残。圆唇，敞口，斜弧腹，圈足。外口沿下饰凹弦纹一圈，下饰折扇纹；内腹满饰团状花卉纹饰；内心置弦纹一圈，内饰团状花卉纹，填以篦纹。灰胎。青釉。全器满施釉，唯外底部露胎无釉。

7. 龙泉窑青瓷碗

松阳县博物馆藏

口径 18、足径 5.4、高 8.4 厘米

圆唇，敞口微侈，斜弧腹，圈足。外口沿下置弦纹一圈，下饰折扇纹；内腹满饰团状花卉纹饰，填以篦纹；内心置弦纹一圈，内饰花卉纹。灰胎。青釉，有开片。全器满施釉，唯外底部露胎无釉。

8. 龙泉窑青瓷碗

松阳县博物馆藏

口径 17.7、足径 5.4、高 8.1 厘米

残。圆唇，敞口微侈，斜弧腹，圈足。外口沿下置弦纹一圈，下饰折扇纹；内腹满饰团状花卉纹饰，填以篦纹；内心置弦纹一圈，内饰花卉纹。灰胎。青釉，有开片。全器满施釉，唯外底部露胎无釉。

3. 龙泉窑青瓷钵

4. 龙泉窑青瓷盘

5. 龙泉窑青瓷盘

6. 龙泉窑青瓷盘

7. 龙泉窑青瓷碗

8. 龙泉窑青瓷碗

9. 青瓷小瓶

松阳县博物馆藏

口径 3.3、底径 3、高 8.4 厘米

圆唇，直口，上腹斜直，下腹斜收，平底。外腹刻划弦纹多圈。灰白胎。青白釉。全器满施釉，唯外底部露胎无釉。

10. 青瓷双系瓶

松阳县博物馆藏

口径 7.8、底径 6、高 30 厘米

圆唇，侈口，短束颈，溜肩，肩部对称置横系，圆鼓腹，下腹敛收，平底微内凹。灰胎。青灰色釉。肩部刻有一个"大"字。

11. 青瓷双系瓶

松阳县博物馆藏

口径 7.5、底径 6.5、高 30.5 厘米

圆唇，侈口，短束颈，溜肩，肩部对称置横系，圆鼓腹，下腹敛收，平底微内凹。灰胎。青灰色釉，剥釉现象严重。

9. 青瓷小瓶

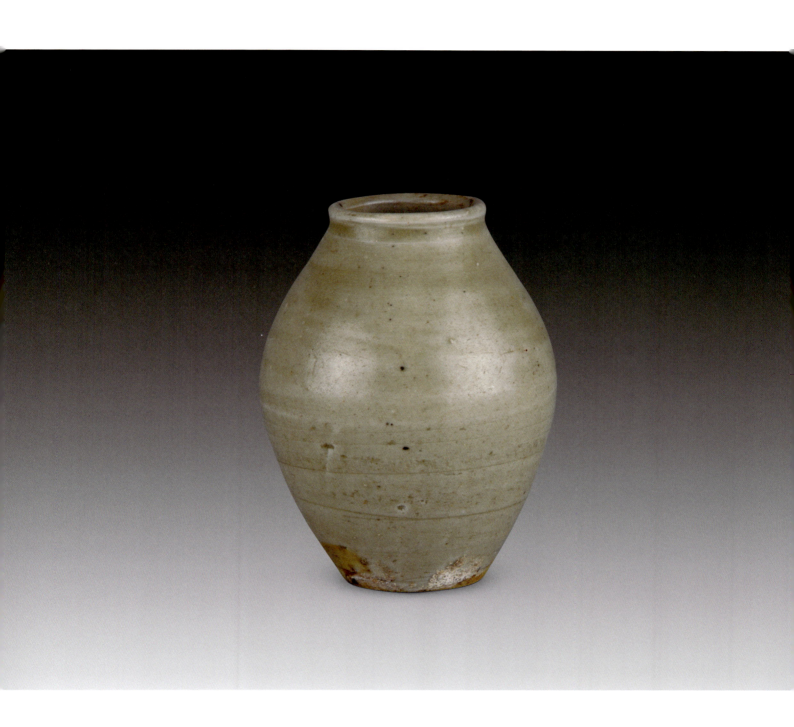

10. 青瓷双系瓶

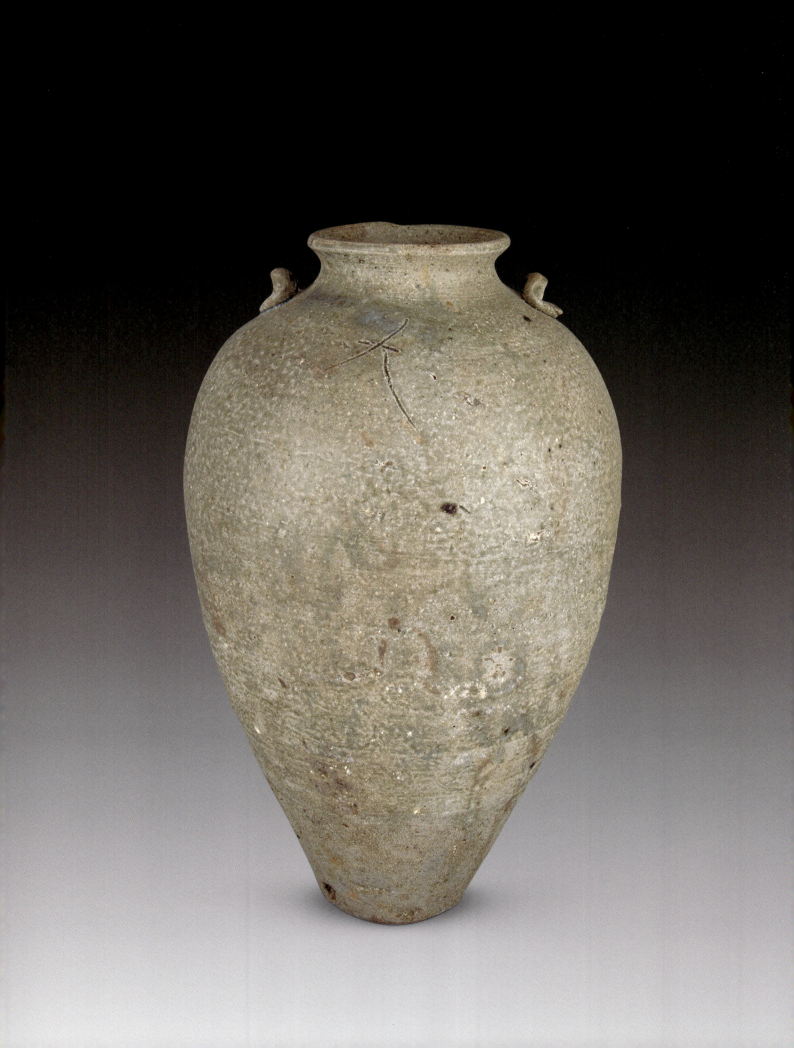

11. 青瓷双系瓶

12. 青白瓷罐

松阳县博物馆藏

口径 9.8、底径 3.4、高 8.4 厘米

直口微敞，束颈，折肩，深弧腹斜收，平底微内凹。白胎，胎质细腻。青白釉。全器满施釉，唯外底部露胎无釉。

13. 青白瓷四系小罐

松阳县博物馆藏

口径 3.7、底径 3.7、高 8.4 厘米

圆唇，直颈，圆肩，颈肩交接处对称置四系，鼓腹，圈足外撇。白胎。青白釉，有冰裂纹。全器满施釉，唯外底部露胎无釉。

14. 青白瓷执壶

松阳县博物馆藏

口径 5.2、底径 6.8、高 15.2 厘米

由壶盖和壶身两部分组成。壶盖呈盘状，宽缘，盖心内凹，饰荷花纹。壶身圆唇，直口，长筒颈，斜肩，微鼓腹，近底部稍敛，平底。颈肩间置一扁条形柄，柄顶饰一小系，另一侧置流嘴，流细长。外腹饰弦纹一圈。白胎，胎质细腻。青白釉。全器满施釉，唯盖内缘及壶身外底部露胎无釉。

12. 青白瓷罐

13. 青白瓷四系小罐

14. 青白瓷执壶

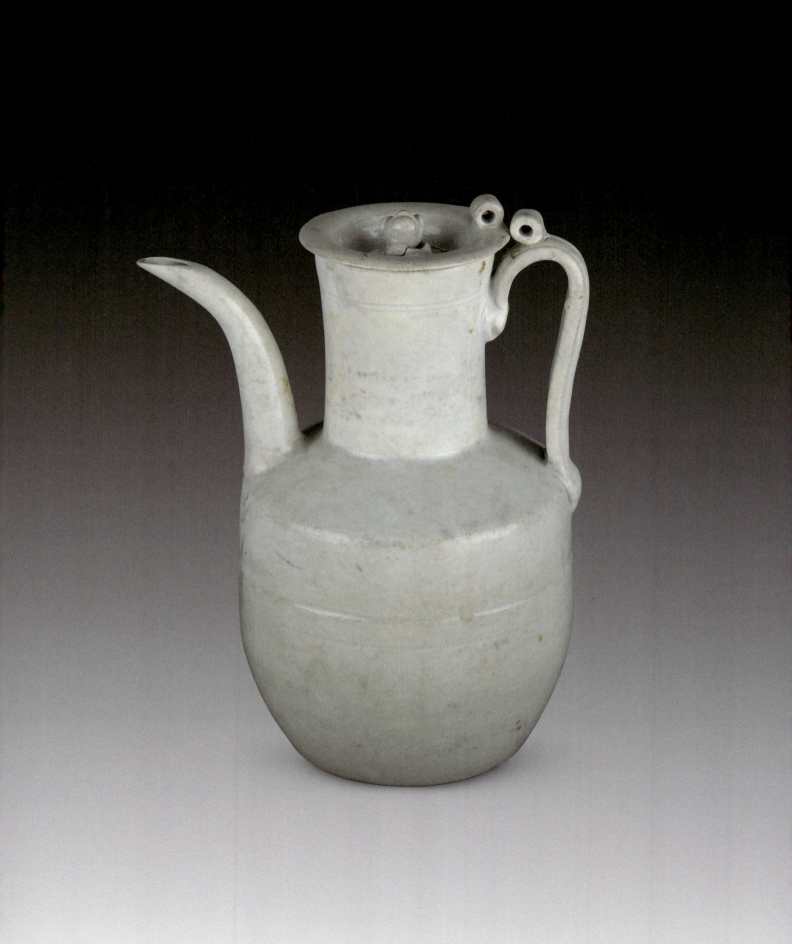

15. 青白瓷盖盒

松阳县博物馆藏

口径 8、足径 5.6、通高 5.6 厘米

由盒盖和盒身两部分组成。整体呈扁圆形，子母口。盒盖菊瓣形，方唇，直口，盖面较平。盒身菊瓣形，圆唇，直口微敛，上腹竖直，下腹斜收，圈足。白胎，胎质细腻坚硬。青白釉。全器满施釉，唯盒盖口沿、盒身口沿及外底部露胎无釉。

16. 青白瓷盖盒

松阳县博物馆藏

口径 8.1、足径 5.5、通高 3.5 厘米

由盒盖和盒身两部分组成。整体呈扁圆形，子母口。

盒盖菊瓣形，方唇，直口，盖面较平。盒身菊瓣形，圆唇，直口微敛，上腹竖直，下腹斜收，圈足。白胎，胎质细腻坚硬。青白釉。全器满施釉，唯盒盖口沿、盒身口沿及外底部露胎无釉。

17. 青白瓷盖盒

松阳县博物馆藏

口径 7、足径 4.8、高 4.4 厘米

整体呈扁圆形，子母口。仅余盒身。菊瓣形，圆唇，直口微敛，上腹竖直，下腹斜收，圈足。白胎，胎质细腻坚硬。青白釉。全器满施釉，唯口沿及外底部露胎无釉。

15. 青白瓷盖盒

16. 青白瓷盖盒

17. 青白瓷盖盒

18. 青白瓷小碟

松阳县博物馆藏

口径 10.2、底径 4.4 厘米

圆唇，敞口，花口，浅坦腹，平底。口腹部呈十二菊瓣形，外腹棱线内凹，内腹菊瓣棱线凸起，内心饰弦纹一圈。白胎轻薄。青白釉，釉色晶莹透亮。全器满施釉，唯外底部露胎无釉。外底墨书"辛未叶宅"四字。

19. 青白瓷小碟

松阳县博物馆藏

口径 10、底径 3.9 厘米

圆唇，敞口，花口，浅坦腹，平底。口腹部呈十二菊瓣形，外腹棱线内凹，内腹菊瓣棱线凸起，内心饰弦纹一圈。白胎轻薄。青白釉，釉色晶莹透亮。全器满施釉，唯外底部露胎无釉。

20. 青白瓷小碟

松阳县博物馆藏

口径 10、底径 4 厘米

圆唇，敞口，花口，浅坦腹，平底。口腹部呈十二菊瓣形，外腹棱线内凹，内腹菊瓣棱线凸起，内心饰弦纹一圈。白胎轻薄。青白釉，釉色晶莹透亮。全器满施釉，唯外底部露胎无釉。

21. 青白瓷小碟

松阳县博物馆藏

口径 10.1、底径 4.2 厘米

圆唇，敞口，花口，浅坦腹，平底。口腹部呈十二菊瓣形，外腹棱线内凹，内腹菊瓣棱线凸起，内心饰弦纹一圈。白胎轻薄。青白釉，釉色晶莹透亮。全器满施釉，唯外底部露胎无釉。

22. 青白瓷小碟

松阳县博物馆藏

口径 10.2、底径 4.1 厘米

圆唇，敞口，花口，浅坦腹，平底。口腹部呈十二菊瓣形，外腹棱线内凹，内腹菊瓣棱线凸起，内心饰弦纹一圈。白胎轻薄。青白釉，釉色晶莹透亮。全器满施釉，唯外底部露胎无釉。

23. 青白瓷小碟

松阳县博物馆藏

口径 10.2、底径 4.4 厘米

圆唇，敞口，花口，浅坦腹，平底。口腹部呈十二菊瓣形，外腹棱线内凹，内腹菊瓣棱线凸起，内心饰弦纹一圈。白胎轻薄。青白釉，釉色晶莹透亮。全器满施釉，唯外底部露胎无釉。

24. 建窑银扣盏

松阳县博物馆藏

口径 12.5、足径 3.7、高 5.1 厘米

尖圆唇，敞口，斜腹微曲，圈足。口部镶有银扣。灰黑色胎。黑釉，釉面呈兔毫状，腹下部有凝釉现象。外施釉至下腹，外底部露胎无釉。

25. 漆盖盒

松阳县博物馆藏

口径 12.5、底径 12.5、通高 4 厘米

由盒盖和盒身两部分组成。整体呈扁圆形，子母口。盒盖方唇，折沿，盖面平。盒身方唇，直口，直腹，平底。内置二子屉，外壁包银，已全部脱落。木胎，盒内外均髹黑色漆，子屉内髹棕红色漆、外髹黑漆。盖内朱书"癸酉温州百里坊，叶宅辛未年"十二字。

26. 漆碗

松阳县博物馆藏

口径 12.5、底径 6.4、高 7 厘米

圆唇，直口，花口，莲瓣状深弧腹，平底。木胎。外口沿包银宽约 2 厘米，内口沿包银宽约 0.4 厘米。内腹莲瓣纹呈棱状凸起，外壁棱纹内凹。内髹棕红色漆，外髹黑漆，乌黑光亮。外底墨书"丁巳巨州通道内裹金上字号"十二字。

18. 青白瓷小碟

19. 青白瓷小碟

20. 青白瓷小碟

21. 青白瓷小碟

22. 青白瓷小碟

23. 青白瓷小碟

24. 建窑银扣盏

25. 漆盖盒

26.漆碗

009

丽水市
南宋淳熙五年（1178 年）
何偁及妻石氏墓

1959 年 6 月至 8 月，瓯江水库文物工作组在丽水县（今丽水市）发掘清理四座南宋墓。M1 为宋知枢密院兼参知政事何澹及妻朱氏墓，M2 为澹子何处仁及妻陈氏墓，M3 为澹父何偁及妻石氏墓，M4 为何澹亲翁王信及妻郭氏墓。除 M2 外，其他几座墓地前半部有墓园，翁仲、马、羊、虎等石雕像按序对称排列，雕刻笨拙臃肿。墓园之后为一高坎，墓室营建其上，墓堆在高坎后端，前端有祭堂，墓堆和祭堂都建有围墙。墓室为长方形石椁。M3 北穴（男）四壁填石灰，石灰中夹有书页，内容相同，已残蚀不能句读，似为死者生前事迹。

四墓均被盗掘。M1 棺内残存水银 6 斤 13 两，出墓志两方，墓主分别死于嘉定十二年（1219 年）、十四年（1221 年），葬于嘉定十六年（1223 年）。

M2 坍塌土中发现龙泉窑青瓷残瓶 2 件、定窑残碗 1 件、崇宁通宝等钱币 11 枚，中穴（男）出玉器 2 件、北穴（女）出料珠及残梳各 1 件。出墓志两方，男死于宝庆二年（1226 年），女死于嘉定元年（1208 年）。M3 南穴（女）出土单彩瓶 2 件，置于墓志两侧的石灰中；北穴（男）四角石灰中各置铁牛 1 只，其中前端两牛背上各置龙泉瓷瓶 1 只，瓶盖可作杯用。出墓志两方，竖在棺前两侧以石灰固定，男死于淳熙五年（1178 年），女死于嘉定二年（1209 年）。M4 被盗掘一空，仅出墓志 1 方。现将 M3 出土文物介绍如下。

1. 龙泉窑青瓷瓶
温州市博物馆藏
瓶盖口径 7.6、高 6.6 厘米，瓶身口径 6、足径 6.5、高 19.1 厘米，通高 22.7 厘米
由瓶盖和瓶身两部分组成。瓶盖圆筒形，顶部微鼓，外沿及顶部均刻划莲瓣纹，内填以直条状篦纹。瓶身圆唇，侈口，短直颈，圆丰肩，扁圆形深腹，圈足。肩部划凹弦纹双圈。灰胎。青灰釉，布满开片。全器满施釉，唯外底部及圈足露胎无釉。

1. 龙泉窑青瓷瓶

2. 龙泉窑青瓷瓶

丽水市博物馆藏

瓶盖口径 7.6、高 6.6 厘米，瓶身口径 6、足径 6.5、高 19.1 厘米，通高 22.7 厘米

由瓶盖和瓶身两部分组成。瓶盖圆筒形，顶部微鼓，外沿及顶部均刻划莲瓣纹，内填以直条状箆纹。瓶身圆唇，侈口，短直颈，圆丰肩，扁圆形深腹，圈足。肩部划凹弦纹双圈，外腹以四道瓜棱等分，内素面。灰胎。青黄釉，盖面釉色青翠。全器满施釉，唯外底部及圈足露胎无釉。

3. 绿地酱彩梅瓶

丽水市博物馆藏

口径 6.8、足径 6.7、高 28.2 厘米

圆唇，侈口，短直颈，圆肩，扁圆形深腹，圈足。外上腹以绿釉为地，饰酱彩缠枝花卉及草叶纹；下腹刻划弦纹多圈。灰黄胎。施半釉，外施釉至下腹。外底部有四处泥点垫烧痕。

4. 绿地酱彩梅瓶

温州市博物馆藏

口径 6.8、足径 6.7、高 28.2 厘米

圆唇，侈口，短直颈，圆肩，扁圆形深腹，圈足。外上腹以绿釉为地，饰酱彩缠枝花卉及草叶纹；下腹刻划弦纹多圈。灰黄胎。施半釉，外施釉至下腹。外底部有四处泥点垫烧痕迹。

2. 龙泉窑青瓷瓶

3. 绿地酱彩梅瓶

4. 绿地酱彩梅瓶

5. 铁牛（一对）

丽水市博物馆藏

长 16.3、高 10 厘米

长 16.7、高 10 厘米

均严重锈蚀。身与足均造型修长，昂首向上。

6. 铁牛（一对）

温州市博物馆藏

长 16.3、高 10 厘米

长 16.7、高 10 厘米

均严重锈蚀。身与足均造型修长，昂首向上。

7. 何俦墓志（拓片）

丽水市博物馆藏

高 115、宽 115 厘米

5. 铁牛（一对）

6. 铁牛（一对）

7. 何俣墓志（拓片）

010

丽水市
南宋绍熙三年（1192 年）林凤从墓

1983 年丽水县（今丽水市）文物普查时得知联城镇（今莲都区联城街道）官桥村挖掘了一座古墓，经调查及宣传文物法规，村民上交了所有出土文物。从出土墓志可知为南宋绍熙三年林凤从墓。

1. 酱釉梅瓶

丽水市博物馆藏

口径 5、底径 6.5、通高 29.7 厘米

由瓶盖和瓶身两部分组成。瓶盖圆筒形，顶部平。瓶身方唇，直口，短直颈，圆丰肩，扁圆形深腹，平底。外腹刻划弦纹多圈。灰黄胎，胎质较粗。酱釉，点状凝釉明显。外施釉至足端，外底部露胎无釉。

2. 陶魂瓶（一对）

丽水市博物馆藏

瓶盖高 4.5 厘米，瓶身口径 4.1、底径 6.7、高 20.1 厘米

器形一致。由瓶盖和瓶身两部分组成。瓶盖整体呈伞状，圆唇，直口，平沿，盖面鼓，中心置一宝珠形纽，盖面深刻纹饰。瓶身方唇，直口微敛，丰肩，筒形深腹，平底。外腹贴塑花边形装饰两圈。灰黄胎，胎质较粗。

1. 酱釉梅瓶

2. 陶魂瓶（一对）

3.陶灶

丽水市博物馆藏

长 13.3、宽 11.7、高 6 厘米

双眼。灰黄胎，胎质较粗。

4.陶勺

丽水市博物馆藏

通长 5.1 厘米，勺径 3 厘米

柄较短。灰黄胎，胎质较粗。

4.陶勺

3.陶灶

5. 铜镜

丽水市博物馆藏

直径 15.5 厘米

葵花形，六曲花口。中心置一纽。上有长
方印形铭文，可读"湖州"二字。

5. 铜镜

6. 墓志

丽水市博物馆藏

高 45、宽 55 厘米

录文：

宋故县尉林公圹志

先君讳风从，字仲虎，世居处之丽水官桥。
曾大父居宥，大父诠，俱以德晦。父遂，以
见知于大将岳侯，补右阶，辟属宣抚司。先
君生于绍兴癸丑之八月，卒于绍熙壬子之前
二月壬午，享年六十。娶同郡牛山叶公茵之
女。子二人：曰嗣英、法成。孙男二人：曰
星郎、元郎，孙女一人，俱幼。痛惟先君笃
志于学，里选不利，乃补授将仕郎。给事吴
公芾、寺丞梁公安世，各以所守邑尉见辟，
皆谢弗往。安时委命，适意林泉，放怀诗酒，
晚著自述，以叙生平之迹，预求挽词于亲旧，
可谓达死生之理矣。嗣英等忍死，卜以是年
十二月廿二日庚申葬于居山之南，且不敢谒
铭显人，遵治命也。姑叙大略而纳诸圹云。
孤子嗣英等泣血谨志。

6. 墓志

011 松阳县
南宋庆元元年（1195年）程大雅墓

1979年4月在松阳县水南乡（今水南街道）横山村发现，墓葬遭到破坏，仅收回部分出土器物，墓葬结构等无从得知。墓中出土青瓷器6件、墓志1方、松香若干。6件青瓷器，现4件藏松阳县博物馆，2件藏遂昌县文物管理委员会办公室，均为龙泉窑梅瓶，器形基本一致。

1. 龙泉窑青瓷梅瓶
松阳县博物馆藏
口径6.5、足径7.1、通高28.2厘米
由瓶盖和瓶身两部分组成。瓶盖圆方唇，圆筒形，盖面平。瓶身方唇、直口、丰肩、扁圆形深腹、矮圈足。瓶盖及瓶身外腹满饰弦纹。灰白胎，胎体较厚。青釉，有开片。全器满施釉，唯外底部露胎无釉。盖内口沿处留有二次施釉痕迹。

1. 龙泉窑青瓷梅瓶

2. 龙泉窑青瓷梅瓶

松阳县博物馆藏

口径 6.4、足径 7.1、通高 28.1 厘米

由瓶盖和瓶身两部分组成。瓶盖圆方唇，圆筒形，盖面平。瓶身方唇，直口，丰肩，扁圆形深腹，矮圈足。瓶盖及瓶身外腹满饰弦纹。灰白胎，胎体较厚。青釉，有开片。全器满施釉，唯外底部露胎无釉。盖内口沿处留有二次施釉痕迹。

2. 龙泉窑青瓷梅瓶

3. 龙泉窑青瓷梅瓶

松阳县博物馆藏

口径 3.4、足径 7、高 21.4 厘米

仅余瓶身。方唇，直口，丰肩，扁圆形深腹，矮圈足。瓶身外腹满饰弦纹。灰白胎，胎体较厚。青釉，有开片。全器满施釉，唯外底部露胎无釉。盖内口沿处留有二次施釉痕迹。

3. 龙泉窑青瓷梅瓶

4. 龙泉窑青瓷梅瓶

松阳县博物馆藏

口径 3.5、足径 7.2、高 21.4 厘米

仅余瓶身。方唇，直口，丰肩，扁圆形深腹，矮圈足。瓶身外腹满饰弦纹。灰白胎，胎体较厚。青釉，有开片。全器满施釉，唯外底部露胎无釉。盖内口沿处留有二次施釉痕迹。

4. 龙泉窑青瓷梅瓶

5. 龙泉窑青瓷梅瓶

汤显祖纪念馆藏

口径 5.4、足径 7.4、通高 28 厘米

由瓶盖和瓶身两部分组成。瓶盖圆方唇，圆筒形，
盖面平。瓶身方唇，直口，丰肩，扁圆形深腹，矮
圈足。瓶盖及瓶身外腹满饰弦纹。灰白胎，胎体较
厚。青釉，有开片。全器满施釉，唯外底部露胎无
釉。盖内口沿处留有二次施釉痕迹。

6. 龙泉窑青瓷梅瓶

汤显祖纪念馆藏

口径 5.8、足径 7.1、通高 28.7 厘米

由瓶盖和瓶身两部分组成。瓶盖圆方唇，圆筒形，盖面平。瓶身方唇，直口，丰肩，扁圆形深腹，矮圈足。瓶盖及瓶身外腹满饰弦纹。灰白胎，胎体较厚。青釉，有开片。全器满施釉，唯外底部露胎无釉。盖内口沿处留有二次施釉痕迹。

6. 龙泉窑青瓷梅瓶

7. 松香

松阳县博物馆藏

长 14.5、宽 8.4、厚 2.8 厘米

色泽金黄，富有弹性，已达到现代采制工艺水平。

8. 墓志（拓片）

松阳县博物馆藏

高 63.5、宽 51.5、厚 10.6 厘米

录文：

有宋故处士程公府君，讳大雅，字建中，世居处之松。
生于绍兴四年甲寅冬十一月戊午，以庆元元年春正月
癸卯感微疾，卒于家，享年六十有二。娶叶氏，先府
君二十三年卒；继娶杨氏。子男五人：槐，浙运进士；
樟，国学免解进士；榆，迪功郎新婺州金华县主簿；
梓、栩。女一人尚幼。孙男二人：沂孙、淇孙。女四人。
卜以其年九月己酉葬于移风乡横山之原，从先志也。
槐等罪逆深重，遽罹酷罚，悲号罔极，姑忍死以毕大事。
若夫早生业履，已具于志铭行实，兹略次邑里岁月，
书而纳诸圹云。槐等泣血谨记。

年家侄迪功郎新复州州学教授叶南叔书讳。

7. 松香

8.墓志（拓片）

庆元县
012 南宋开禧元年（1205年）胡纮夫妇墓

2014年3月至4月，浙江省文物考古研究所与庆元县文物管理委员会办公室联合在庆元县松源镇（今松源街道）会溪村和山小学南侧工地清理。地表茔园仅于西部残存一段石砌围墙及墓前祭祀建筑遗迹，其他结构如环墙、地坪、封土等均已不存。在石砌围墙以内墓室前方，集中出土了脊兽及筒瓦、板瓦等建筑构件，故而推断该处可能建有小型的祭祀建筑。

M1方向为240°，工程施工中墓室部分遭到严重破坏，仅残留部分墓室底部。从残留迹象看，墓室宽2.25米，北壁残长3.45米，南壁残长2.52米，深约1.8米。墓室四壁由长30、宽30、厚4厘米的青砖砌成，底部由长32、宽16、厚6厘米的青砖横向铺就，铺地砖下铺垫木炭，厚1~2厘米。根据残留迹象观察，墓室底部南北两侧设排水通道，宽约8、高约9厘米，由不同规格的青砖砌成，内填卵石以防泥土淤塞。墓葬周围散落大量不同规格的青砖（长30、宽30、厚4厘米，长32、宽16、厚6厘米，长30、宽15、厚6厘米，长28、宽28、厚3.5厘米），并条石9块（长190~210、宽35~45、厚25~30厘米），棺木亦散见。从散落的条石再结合M2的结构来看，M1是一个砖石结构的墓葬。

M2位于M1北侧，方向为265°。保存较完整，由墓室、椁室和排水管道构成。墓室为长方形，长3.76、宽1.62、深1.88米。墓室四壁由长28、宽28、厚3.5厘米的方砖砌成，底部由长30、宽15、厚6厘米的青砖横向铺成，铺地砖下铺垫木炭，厚1~2厘米，起到防潮的作用。墓顶呈拱形，由不同规格的方砖（长30、宽30、厚4厘米，长28、宽28、厚3.5厘米等）拱砌而成，长3.94、高约0.32米。椁室长3.44、宽1.28、高1.4米，由长32、宽16、厚

M2 墓室盖石

M2 清理后

清理前的 M2 椁室后壁

6 厘米的青砖及不同规格的条石（长 138~155、宽 25~39、厚 20~30 厘米）筑成（四壁由青砖平砌而成，条石横向盖顶）。椁室顶部与墓室拱顶之间由三层木炭和两层泥土填充。椁室后壁设有不同规格的壁龛 9 个，分为上、中、下三层。上层壁龛距墓底约 134 厘米，下层壁龛距墓底约 13 厘米。上层左右两侧壁龛各宽 24、高 24、深 16 厘米，中间壁龛宽 32、高 30、深 16 厘米。中层左右两侧壁龛各宽 27、高 38、深 16 厘米，中间壁龛宽 38、高 49、深 16 厘米。下层左右两侧壁龛各宽 29、高 34、深 16 厘米，中间壁龛宽 32、高 34、深 16 厘米。壁龛内保留部分随葬品。排水管道设于墓室底部南北两侧，于墓室外西部汇合成一条，并与 M1 排水通道汇合，形成一体建筑。东西向，由不同规格的青砖砌成，截面呈"回"字形，长约 20 米，宽约 8、高约 9 厘米，内填卵石以防泥土淤塞。

尽管 M1 遭到破坏，但从周围散落的棺木来看，该墓葬 1 人，葬具为木棺，葬式不明。M2 墓室长期被雨水浸满，墓底淤土厚约 15 厘米，棺木漂散移位，整体呈东北—西南向。棺北厢板直抵椁室西壁，而棺盖则漂移直抵椁室东壁。棺南厢板侧倒抵椁室南壁。东西挡板已朽，只留痕迹。棺整体长约 210、宽约 75、高约 65 厘米。棺木厚约 10 厘米，其内长 188、宽 55 厘米。棺各部分由铁钉钉合，外涂朱漆，附吊环。墓葬尸骨已朽无存，从随葬品摆放位置及其他迹象推断，该墓葬式以头东脚西，方向约 75°。此外，清理过程中在棺床上发现较多水银，且集中有形，应为防腐之用。

现场仅采集到一方墓志。高 59.5、宽 39.5 厘米。正面铭文 20 行，共计 589 字，楷书。其文曰：

宋通议大夫华文阁待制胡公纮，字幼度，生于绍兴丁巳之三月。自上世□□五季乱，为龙泉著籍，至父彦光，始以儒学教公。年未冠，已头角崭然，见于□□。己卯，举乡书。庚辰，入太学，擢癸未进士第，授迪公郎中。丙戌，儒学官，分教会□，再主金陵学。淳熙戊戌，关升从事郎。己亥，随使出疆，回授文林郎，继为楚之录椽，以庆典循儒林郎边赏，转承直郎。丁未，用剡荐，改奉议郎，宰饶之鄱阳。以光庙登极，恩转承议郎，磨勘转朝奉郎。癸丑，秩满，以县最除进奏院。今上登极，转朝散郎。乙卯，迁司农寺簿；越三月，改秘书郎；又二月，除监察御史，排击奸伪，风望凛然。丙辰春，转朝请郎；夏，除太常少卿，历左右史兼玉牒检讨，以忠鲠结知。丁巳，权工部侍郎兼实录院修撰，遇郊赐开国食邑。戊午，除权礼侍；秋，转朝奉大夫；冬，试吏部侍郎，赐金带。己未，参典文衡，去浮取实，以言论归里。冬，奉祠命。庚申，起知夔府，改知和州，转朝散大夫，复帅东广属，徭寇猖□，公荡平之。辛酉，以功进华文阁待制。壬戌，丐祠，得请磨堪，转朝请大夫。居无□召赴行在。公自知与时落落，抗章力辞，言者因复排之，由是放意林泉。虽□时悯俗，不能去怀，然无复用世之心矣。嘉泰癸亥十月，以微疾请老，转朝议夫。夫致仕竟以疾终，享年六十有七。讣闻天子，赠通议大夫。公娶吴氏，封令人。子二人，长绅卿，授承务郎，娶蔡氏，先公而卒；次正卿，魁铨闱授修职郎、松溪簿，娶何氏。女三人，长适吴元琰，次黄极，季永兴，主簿项得一。孙女二人，曰院，曰居。初令人葬釜山，不利。今以开禧乙丑十二月庚申，与公合葬于魏溪之原。公立朝，大节当在国史，行有述，志有铭，文有集行于世。姑抚其始终之梗概，以纳诸土官。悲夫！铭石之藏，其与天地相为长久也钦！孤哀子正卿泣血谨书。

M2未被盗掘，随葬品保存完整，且大多数仍处于原先的位置。出土器类有瓷器、金属器、水晶、漆器，另有较多棺钉。

1. 龙泉窑青瓷象纽盖罐

庆元县廊桥博物馆藏

象纽长3.5、高2.4厘米，罐盖口径5.6~8.1、高3.7厘米，罐身口径8.2、最大腹径10.5、足径6.6、高10.5厘米

完整。出土于后壁的左上龛中，出土时侧倒。盖面扁平，子母口，象形立纽，大象长鼻下垂而内卷，双大耳，两耳之间顶部有一圆形小凸点。罐身直口，短颈，折肩，深弧腹略弧收，极矮圈足。灰白色胎。以粉青厚釉为主，釉层较厚，釉质匀润，局部近口沿下泛较深的青色并有较多开片。盖口及外圈不施釉，罐身口沿、圈足端刮釉，显示盖与罐身为套烧。罐身内腹有明显的轮旋痕。

1. 龙泉窑青瓷象纽盖罐

2.龙泉窑青瓷象纽盖罐

庆元县廊桥博物馆藏

象纽长 3.3、高 2.1 厘米，罐盖口径 6~8.4、高 3.6
厘米，罐身口径 7.8、最大腹径 10.2、足径 6.2、
高 11.4 厘米

完整。出土于后壁的右上龛中，出土时侧倒。盖面
扁平，子母口，象形立纽，大象长鼻下垂而内卷，
双大耳，两耳之间顶部有一圆形小凸点。罐身直口，
短颈，折肩，深弧腹略弧收，极矮圈足。灰白色胎。
以粉青厚釉为主，釉层较厚，釉质匀润。盖口及外
圈不施釉，罐身口沿、圈足端刮釉，显示盖与罐身
为套烧。罐身内腹有明显的轮旋痕。

2.龙泉窑青瓷象纽盖罐

3. 龙泉窑青瓷象纽盖罐

庆元县廊桥博物馆藏

象纽长 3.3、高 2.2 厘米，罐盖口径 5.6~8.5、高 3.9
厘米，罐身口径 8.7、最大腹径 10.5、足径 6.7、高
12 厘米

盖完整，罐身残。盖出土于后壁左下龛中，出土时
仰侧。罐身出土于墓室左后角，已为壁落砖砸碎。
盖面扁平，子母口，象形立纽，大象长鼻下垂而内
卷，双大耳，两耳之间顶部有一圆形小凸点。罐身
直口，短颈，折肩，深弧腹略弧收，极矮圈足。灰
白色胎。以粉青厚釉为主，釉层较厚，釉质匀润，
近口及足处有开片，局部有水锈。盖口及外匣不施
釉，罐身口沿、圈足端刮釉，显示盖与罐身为套烧。
罐身内腹有明显的轮旋痕。

3. 龙泉窑青瓷象纽盖罐

4. 龙泉窑青瓷象纽盖罐

庆元县廊桥博物馆藏

象纽长 3.4、高 2 厘米，罐盖口径 5.8~8.2、高 3.6
厘米，罐身口径 7.8、最大腹径 10.2、足径 6.2、
高 11.2 厘米

完整。出土于后壁的右下龛中，出土时侧倒。盖面
扁平，子母口，象形立纽，大象长鼻下垂而内卷，
双大耳，两耳之间顶部有一圆形小凸点。罐身直口，
短颈，折肩，深弧腹略弧收，极矮圈足。灰白色胎。
以粉青厚釉为主，釉层较厚，釉质匀润。盖口及外
圈不施釉，罐身口沿、圈足端刮釉，显示盖与罐身
为套烧。口沿及圈足刮釉处有两层施釉的痕迹。罐
身内腹有明显的轮旋痕。

4. 龙泉窑青瓷象纽盖罐

5. 龙泉窑青瓷象纽盖罐

庆元县廊桥博物馆藏

象纽长3.5、高2.2厘米，盖口径6~8.2、高3.8厘米，罐身口径8.7、最大腹径10.5、足径6.7、高12厘米
完整。盖出土于墓室右后角，出土时仰侧。罐身出土于墓室左后角。盖面扁平，子母口，象形立纽，大象长鼻下垂而内卷，双大耳，两耳之间顶部有一圆形小凸点。罐身直口，短颈，折肩，深弧腹略弧收，极矮圈足。灰白色胎。以粉青厚釉为主，釉层较厚，釉质匀润。盖口及外圈不施釉，罐身口沿、圈足端刮釉，显示盖与罐身为套烧。罐身内腹有明显的轮旋痕。

6. 龙泉窑青瓷象纽盖罐

庆元县廊桥博物馆藏

象纽长 3.4、高 2.2 厘米，罐盖口径 5.6~8、高 3.9 厘米，罐身口径 8.7、最大腹径 10.5、足径 6.7、高 12 厘米

均残。出土于墓室左后角，已为壁落砖砸碎。盖面扁平，子母口，象形立纽，大象长鼻下垂而内卷，双大耳，两耳之间顶部有一圆形小凸点。罐身直口，短颈，折肩，深弧腹略弧收，极矮圈足。灰白色胎。以粉青厚釉为主，釉层较厚，釉质匀润。近口及足处有开片，局部有水锈。盖口及外圈不施釉，罐身口沿、圈足端刮釉，显示盖与罐身为套烧。罐身内腹有明显的轮旋痕。

6. 龙泉窑青瓷象纽盖罐

7. 龙泉窑青瓷梅瓶

庆元县廊桥博物馆藏

瓶盖口径6、足径3.4、高3.6厘米，瓶身口径3.8、
最大腹径12.6、底径7、高18.6厘米

完整。盖出土于后室的右后角，出土时侧倒，与瓶
身分离。瓶身出土于后室的右后角，出土时侧倒。
盖平顶，直壁外斜，盖面刻划五瓣的花卉。瓶身直
口微敞，短直颈，隆肩，深弧腹斜收，矮圈足略外
撇。口沿下有凹弦纹一道，肩上有凸弦纹一道，腹
部饰较疏的凹弦纹，因釉较厚不清晰。灰白色胎。
近粉青色釉，釉色均匀，釉面匀润，近圈足处积釉。
瓶盖内上部不施釉，瓶身圈足端刮釉。瓶身闪腹有
明显的轮旋痕。

7. 龙泉窑青瓷梅瓶

8.龙泉窑青瓷花口盏

庆元县廊桥博物馆藏

口径 9.4、足径 3.2、高 5.2 厘米

残。出土于墓室左后角，已为壁落砖砸碎。敞口，弧腹斜收，凹圜底，矮圈足，足壁较直。六曲花口，内腹对应花口处凸棱因釉层较薄而呈灰白色。灰白色胎。粉青色厚釉，釉面匀润。圈足端刮釉，从足部看至少有两层釉。

9.龙泉窑青瓷花口盘

庆元县廊桥博物馆藏

口径 17.3、足径 7.6、高 3 厘米

完整。出土于墓室中部近后壁处。六葵花口，宽平折沿，沿面微向上斜，折腹浅坦，大平底，矮圈足，外底有修刮，显得圈足较高。浅灰色胎。粉青色厚釉，口沿外圈上下均有积釉，上腹部釉层较下腹部厚。圈足端刮釉，无釉处呈土黄色，足外壁有两层釉痕迹。

8.龙泉窑青瓷花口盏

9. 龙泉窑青瓷花口盘

10. 青白瓷盖罐

庆元县廊桥博物馆藏

罐盖口径 5.8、高 1.5 厘米，罐身口径 5.2、最大腹径 7、足径 4.3、高 5.9 厘米

残，已碎。出土于棺内头顶部。器形小巧。盖面下凹，宽平折沿，沿面有一圈细凹弦纹，盖心纽作荷花与荷叶形。罐身直口，短直颈，圆折肩，深弧腹略鼓，圈足较浅。白胎。青白釉，釉层薄，较多细小开片，罐身肩部积釉处釉色较深。罐身外腹施釉不及底。盖内沿及罐身口沿外圈刮釉，显示盖与罐身套烧。罐身内腹及底有轮旋痕。

11. 青白瓷盖盒

庆元县廊桥博物馆藏

盒盖口径 4.2、高 1.1 厘米，盒身口径 3.4、底径 2.4、高 1.1 厘米

完整。出土于棺内头顶部。器形小巧。盖面圆弧。盒身子母口，浅弧腹，小平底。白胎。青白釉，釉层薄，较多细小开片。盖内不施釉，盒身外腹施釉不及底。盖内沿及盒身口沿外圈刮釉，显示盖与盒身为套烧。盒身内腹及底有轮旋痕。

12. 青白瓷小碟

庆元县廊桥博物馆藏

口径 7.6、底径 3、高 2.1 厘米

完整，口沿处有两道冲。出土于棺内头顶部。器形小巧。敞口，斜直腹极浅，小平底。白胎。青白釉，釉层薄。外腹施釉不及底，口沿处刮釉。

10. 青白瓷盖罐

11. 青白瓷盖盒

12. 青白瓷小碟

13. 金霞帔坠

庆元县廊桥博物馆藏

长 9.2、宽 6.4、厚 1.7 厘米

完整。出土于棺内脚部，可能已移位。心形。
两面以点状纹为地，满饰缠枝花卉纹。顶部
带一圆形小环。

14. 银盒

庆元县廊桥博物馆藏

径 5.8、残高 2.2 厘米

残，盒盖与盒身已不可分离。出土于棺内头顶部，
可能有移位。扁圆形，盒盖与盒身上下对称，子母口，
通体饰凸起的缠枝花卉纹饰，以细圆点纹为地纹。

14. 银盒

15. 金梳背（两件）

庆元县廊桥博物馆藏

长 9、宽 0.8~1.2 厘米

残长 6、宽 0.8~1.2 厘米

出土于棺内头顶部。形体近半月形。极薄，上下扣合。包背打造成竹节状。梳篦应为木质，已朽。

16. 银钗

庆元县廊桥博物馆藏

长 8.7 厘米

完整，出土于棺内头顶部。折股钗。长 U 形，顶端尖，中间细，两头略粗。制作较为简单，光素无纹。

17. 银钗

庆元县廊桥博物馆藏

长 8.1 厘米

断。出土于棺内头顶部。折股钗。长 U 形，顶端尖，中间细，两头略粗。制作较为简单，光素无纹。

18. 银钗

庆元县廊桥博物馆藏

长 6.2 厘米

断。墓葬填土中发现，原位置不清。折股钗。长 U 形，顶端尖，中间细，两头略粗。制作较为简单，光素无纹。

19. 金钗

庆元县廊桥博物馆藏

长 11.6 厘米

完整。出土于棺内头顶部。折股钗。长 U 形，顶端尖，中间细，两头略粗。制作较为简单，光素无纹。

20. 银鎏金钗

庆元县廊桥博物馆藏

长 14.8 厘米

完整。出土于棺内头顶部。花筒钗。长 U 形，顶端尖、中间细，两头略粗。制作较为复杂，钗梁及以下用多圈金丝装饰，呈竹节状。

21. 金钗

庆元县廊桥博物馆藏

长 16.2 厘米

完整。出土于棺内头顶部。花筒钗。长 U 形，顶端尖，中间细，两头略粗。制作较为复杂，钗梁处打造成圆形宝盖，以下打造出繁缛纹饰。上刻"真赤金"铭。

22. 金耳环（一对）

庆元县廊桥博物馆藏

长 2.1 厘米

完整。出土于棺内头部。造型如弯月。

15. 金梳背（两件）

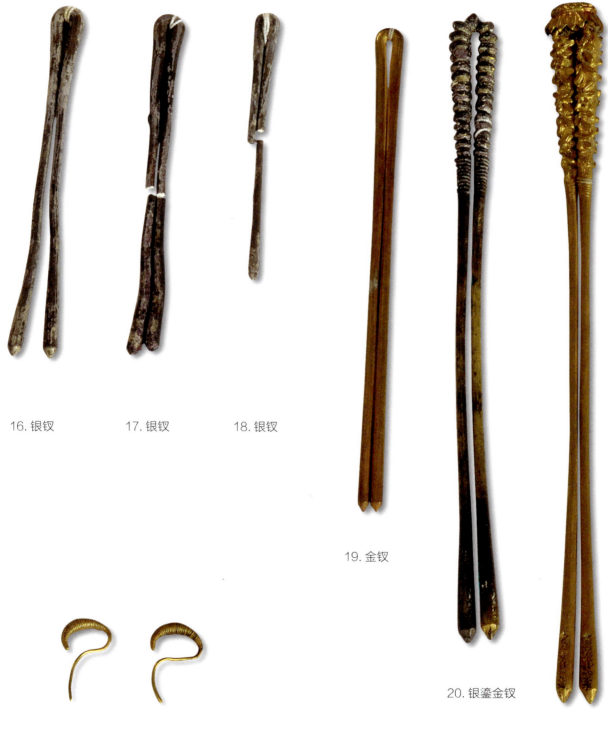

16. 银钗 17. 银钗 18. 银钗

19. 金钗

20. 银鎏金钗

22. 金耳环（一对）

21. 金钗

23. 金花钱

庆元县廊桥博物馆藏

直径 2.1、厚 0.1 厘米

完整。出土于棺内近腹部。圆形方孔，一侧有"太平通宝"铭。

24. 银花钱

庆元县廊桥博物馆藏

直径 2.5、厚 0.1 厘米

完整。出土于棺内近腹部。圆形方孔，正面有"长命富贵"铭，背面有日、月图案。

25. 铜钱（一串）

庆元县廊桥博物馆藏

残。出土于棺内近腹部。文字不清，可辨认的一枚可能是"开元通宝"。

 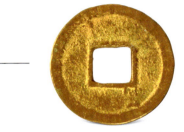

23. 金花钱

24. 银花钱

25. 铜钱（一串）

26. 铜镜

庆元县廊桥博物馆藏

直径 24、厚 0.8 厘米

完整。出土于墓室后部近后壁的中部。圆形，镜背
外圈凸起，小圆形纽，中部有两道凸弦纹。

27. 铜镜

庆元县廊桥博物馆藏

直径 18、厚 0.7 厘米

完整。出土于棺内头顶部，应该有移位。从出土情
况来看，外有漆盒盛装。六出葵花形，梯形边郭，
素面，圆形小纽。镜背长方形框内有铭文"湖州□
家青铜照子"。

26. 铜镜

27. 铜镜

28. 水晶环

庆元县廊桥博物馆藏

直径 7.1、高 1.3 厘米，孔径 2.3～3.8、厚 0.3 厘米
完整。出土于棺内头部。环形，孔壁对称内削。制
作相当规整，棱角分明。除少量棉絮状物外，晶体
极其干净通透。

29. 陶脊兽
庆元县廊桥博物馆藏
长 9.8、高 10.2 厘米
瑞兽造型。灰陶。

30. 陶瓦当
庆元县廊桥博物馆藏
直径 24、残长 5 厘米
残。灰陶。面以点状乳突示意莲瓣，
间以枝叶纹饰。

31. 筒瓦
庆元县廊桥博物馆藏
长 11.1、宽 5.4 厘米
残。灰陶。

32. 筒瓦
庆元县廊桥博物馆藏
长 10.8、宽 5 厘米
残。灰陶。

33. 筒瓦
庆元县廊桥博物馆藏
长 10.8、宽 5.4 厘米
残。灰陶。

29. 陶脊兽

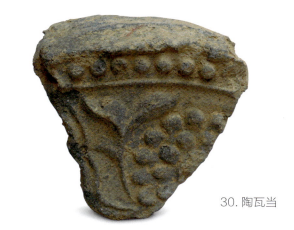

30. 陶瓦当

31. 筒瓦

32. 筒瓦

33. 筒瓦

龙泉市博物馆藏

013 **南宋开禧年间（1205～1207 年）**

青瓷碗

龙泉市博物馆旧藏，来源不明。

青瓷碗

龙泉市博物馆藏

口径 16.1、足径 6.6、高 6.9 厘米

圆唇，敞口，斜腹，圈足。外腹素面；内口沿下饰
弦纹双圈，下连以双复线 S 形纹，将内腹五等分，
内饰云气纹；内心饰弦纹一圈，中心素面。灰白胎。
青黄釉。全器满施青黄色透明薄釉，唯外底部露胎
无釉。外底部墨书"开禧"二字。

丽水市
**014 南宋嘉定十年（1217 年）
王驹及妻宜人何道净墓**

1989 年，位于丽水市凤凰山的丽水地区卫生学校在修建宿舍平整地基时发现一座古墓，遂报丽水县文物管理委员会办公室（丽水县博物馆）。经抢救性清理，确定这是座双穴并列的石椁石顶墓，其中发现墓志两方，经释读为南宋嘉定十年王驹及妻宜人何道净墓。

1. 王驹墓志

丽水市博物馆藏

高 165、宽 70 厘米

录文：

宋故朝请大夫前知嘉定府崇禧司门王公圹志

先君讳驹，字茂良，处之丽水人。曾祖真，故不仕。祖长方，赠中散大夫。父信，故给事中、通议大夫、焕章阁待制、赠少师。淳熙十三年，少师在披垣以郊恩奏补承奉郎。十六年，光宗登极覃恩转承奉郎。绍熙五年，今上登极，转承事郎。庆元五年，差监温州比较务。嘉泰元年以攒宫使属赏，转宣义郎。八月，以纲赏转宣教郎。二年，磨勘转通直郎。三年，授沅州黔阳宰，未上，准省劄与六部监门。四年，磨勘转奉议郎。开禧改元，差浙西仓司干办公事，寻改四川制司机宜。二年，改辟机宜，十二月，磨勘转承议郎。三年，因逆曦乱蜀，守节不屈，特旨转朝奉郎，制司□辟忠州，寻改昌州。嘉定二年，磨勘转朝散郎。三年三月，差主管建宁府武夷山冲佑观。六年二月，磨勘转朝请郎。八月，差知盱眙军。九月，改知永康军。十月，改知万州。九年，移知嘉定府。九月，磨勘转朝奉大夫。十年六月，复差主管建宁府武夷山冲佑观。十四年十一月，磨勘转朝散大夫、差主管建康府崇禧观。十五年五月，该宝玺恩，转朝请大夫。十六年九月二十八日，以微疾卒于正寝。先君生于淳熙丁酉九月十八日，享年四十有七。先姚宜人何氏，观文知院之女也，前先君六年卒。子男三人：长斑，修职郎、前特添差处州司户参军；次璁，修职郎、监宁国府左城酒务；次琰，未命。女一人，尚幼。卜以其年十二月十六日甲申合祔于凤山，距郡城一里而近，从治命也。远日薄，未暇谒铭于显者，姑叙爵里岁月纳诸圹云。孤哀子斑等泣血谨志。

友末、修职郎、监潭州南岳庙项梦祥书讳。

1. 王駒墓志

2. 何道净墓志

丽水市博物馆藏

高 103、宽 84 厘米

录文：

宜人何氏，讳道净，处之丽水人，观文知院公澹之
女。生于淳熙戊戌，及笄归驹。嘉泰癸亥郊恩封孺
人。嘉定己巳明堂封安人，戊寅明堂赠宜人。先是，
余假守凌云，奉祠归里，舟由夔门，值宜人疾革，
馆于帅参厅。越四日而卒，实嘉定丁丑八月之望，
享年四十。后四年庚辰三月二十六日丙辰，葬于城
西凤山之南。子三人：斑、璁，俱将仕郎，琰。宜
人淑德懿行，已揭之铭，兹不重述。姑书岁月纳诸
圹，且寓无穷之哀云。夫朝奉大夫、前知嘉定军府
事王驹泣志。

室人何氏諱道净處之孫氷之觀文之院

公□之女生于熙顺□及□□壽慕

終亥□郊□封獨人嘉定己□□□脩脯□堂□

安人少頃□坐贈宜人之□建余脩宣

雲□祖□墨丹其慈湖直宣人疾□堇館

□參廳遂巴日而卒嘉慶丁丑八月之

□軍四十後四軍東眼□月一□

坠□□辛于城西鳳山□□三尺□□

西痕□琰宜人叔德懿行已楊□若不俱何

□往即□□宜人□□□

達曲書歲八納齐宿日□寔者□之□不

夫朝奉大夫俞知□□軍府書□河汥□

2. 何道净墓志

丽水市
015 南宋嘉定十一年（1218年）叶宗鲁墓

1976年在丽水县（今丽水市）丽阳门外黄泥山地区水电工程处基建工地发现并清理。该墓建在黄泥山南坡，两侧断面距地表深2.2～2.5米。墓前有圆形祭坛，祭坛周围以青砖砌有弧形围墙。围墙内、外壁以单砖平叠砌成，残高1.2～1.6、厚1.2米，内填黄色土。围墙砌在经过修整的基岩上，夕壁基岩层浅，砖砌基点高；内壁基岩层下凿深，砖砌基点低。围墙内尚存青砖平铺的地面，是直接铺于经修整的岩面上，沿墙脚还凿有排水沟。

墓向345°，开口于耕土层下约1米。墓坑平面为圆形，直径约7、深约1米。墓室近正方形，东西长4、南北宽4.1～4.3、深1.9米。墓道位于墓葬南部。墓室内有石柱支撑的石梁架，其上盖石板。

墓壁先抹一层厚约10厘米的三合土泥，再用单砖错缝平叠砌筑。墓底无铺地砖。墓门呈牌坊形，用砖封堵。墓内有红漆木棺的葬具痕迹。墓室西北角有一个内置人骨的长方形石匣，长1.2、宽0.8米，是由一块残石柱、三块残石板围砌而成，其内有六块青砖，每两块相对组成一张尸床，其中一组尸床较宽，可能是为墓主设计的。每组尸床两块青砖之间的空隙处用沙子填平，其上陈尸，然后用沙子填满石匣，上面再盖一块厚20厘米的长方形石板。石匣盖上叠放着两方青石墓志。墓室东西壁脚均凿有排水沟，墓室中部有三处抹三合土拌小石子的面，疑为石柱基础。

墓室内出土许多残砖块，还出土了一些宋、元、明时期的瓷片。填土中出土了石构件，包括石柱、石板、石门额及刻有牡丹浮雕的石块20余件，上面残留有石灰痕迹。该墓早期被盗并经重葬，出土遗物较少，主要为钱币，还有铁剪刀、石墓志等。

1. 铜钱（一组）
丽水市博物馆藏
圆形方孔。有"崇宁通宝""崇宁重宝""皇宋元宝"。

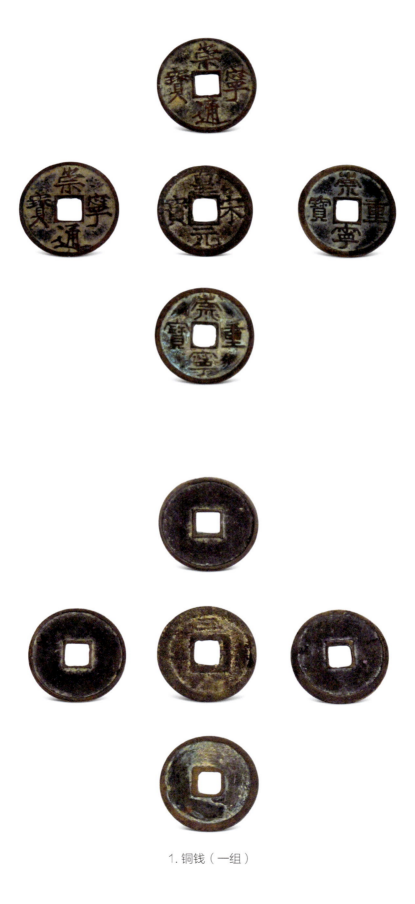

1. 铜钱（一组）

2. 墓志

丽水市博物馆藏

高 77、宽 59 厘米

录文：

宋故朝请大夫宫使知府提举郎中叶公圹志

先君讳宗鲁，字东父，处丽水人。曾祖应，故不仕，妣王氏。祖履，故不仕，妣季氏。父与，赠中散大夫，妣张氏，赠太令人。先君登淳熙乙未进士第，初授福州侯官簿，未赴，丁先祖中散忧，服除，注吉州庐陵尉，次信州录参，举员及格，丁祖妣太令人忧。绍熙甲寅龙飞，特班改秩，宰建昌军南城县。三年政成，除诸司审计，历太常簿、太府丞、大宗正丞、太常丞兼刑部郎官，任淮东提举，官满，被召，旋主管冲佑观。次任湖南提举，下车才十余月，改除闽仓，不赴，再奉祠禄。续有除知筠州之旨，未拜命，仍畀闲廪，继回其任。历阶自迪功郎，十三转，止朝请大夫。痛惟先君奋身儒科，践更中外，瑜四十祀，立朝五阅寒暑，晚年投闲里居，自得林泉之趣，不阿时好，不事苟求，抱负弘远，莫能尽展设施，乃因微恙，遽成永诀。呜呼痛哉！先君生于绍兴丙寅十一月初八日巳时，享年七十有三，终于嘉定戊寅十月二十七日。始娶同郡提刑右司王公之女，甫两载而卒，赠宜人。再娶青田待制侍郎郑公之女，封宜人，后先君三百余日而逝。生二子：长景明，迪功郎、新临安府钱塘县尉；次景昌，将仕郎。女一人，适金华故相之孙迪功郎、新温州司法参军王侑。女孙一人，尚幼。景明等忍死卜以嘉定己卯十一月二十八日庚申，奉先君、先妣之柩合葬于丽水县喜康乡高家山之原，距家二里而近。迫葬，未暇谒铭通显，姑泣血志岁月以纳诸圹云。孤哀子叶景明、景昌泣血谨志。

亲末宣义郎、新差通判隆兴军府兼管内劝农营田事郑如松书讳。

碑阴补刻志文：

先大父提举郎中叶公宜人郑氏，前宋嘉定己卯已合葬于附城高家山。宜人王氏，前宋不记岁月已葬于石僧山，历岁弥久。不幸宋亡，丁丑军马到栝，二冢皆被发掘，棺椁暴露，只得茶毗，岁月未利，骨殖尚留。越今又十有一载，今值至元丁亥山开，卜以是岁闰二月十有二日癸酉，仍葬旧穴，宜人王氏合祔焉。先大父生平事业，已载前志。今姑叙岁田于碑阴。孝孙继祖、显祖，曾孙容孙泣志。

2. 墓志

丽水市
016 南宋嘉定十五年（1222 年）
李屋妻姜氏墓

2005 年 12 月 21 日由丽水市博物馆于丽水市下仓村抢救性清理。砖石结构，墓向 60°。墓葬距地表约 0.8 米。墓顶以石板封盖，墓室以青砖错缝叠砌。墓室长 2.3、宽 0.8、高 0.79 米。于前、后、左侧墓壁上分别砖砌壁龛，壁龛尺寸为宽 37、高 46.5、深 29 厘米。清理过程中，于棺床上出土龙泉窑粉盒、龙泉窑盖罐、菱花镜、漆盒、漆器残片、

银饰品及残件，置于墓主头部左侧；壁龛内出土龙泉窑象纽盖罐、龙泉窑鼓钉炉等器物。据墓志载，葬主下葬于"嘉定壬午"年。

1. 龙泉窑青瓷象纽盖罐
丽水市博物馆藏
口径 7.1、足径 5.7、通高 14.9 厘米
由罐盖和罐身两部分组成。盖面扁平，子母口，象形立纽，大象长鼻下垂而内卷，双大耳，两耳之间顶部有一圆形小凸点。罐身圆方唇，直口，短颈，折肩，深弧腹略弧收，极矮圈足。灰白色胎。釉层较厚，釉质匀润。盖口及外圈不施釉，罐身口沿、圈足端刮釉，显示盖与罐身为套烧。罐身内腹有明显的轮旋痕。

1. 龙泉窑青瓷象纽盖罐

2. 龙泉窑青瓷象纽盖罐

丽水市博物馆藏

口径 7.2、足径 5.2、通高 15.1 厘米。

由罐盖和罐身两部分组成。盖面扁平，子母口，象形立纽，大象长鼻下垂而内卷，双大耳，两耳之间顶部有一圆形小凸点。罐身圆方唇，直口，短颈，折肩，深弧腹略弧收，极矮圈足。灰白色胎。釉层较厚，釉质匀润。盖口及外圈不施釉，罐身口沿、圈足端刮釉，显示盖与罐身为套烧。罐身内腹有明显的轮旋痕。

2. 龙泉窑青瓷象纽盖罐

3. 龙泉窑青瓷象纽盖罐

丽水市博物馆藏

口径 7.1、足径 5.5、通高 15.3 厘米

由罐盖和罐身两部分组成。盖面扁平，子母口，象形立纽，大象长鼻下垂而内卷，双大耳，两耳之间顶部有一圆形小凸点。罐身圆方唇，直口，短颈，折肩，深弧腹略弧收，极矮圈足。灰白色胎。釉层较厚，釉质匀润。盖口及外圈不施釉，罐身口沿、圈足端刮釉，显示盖与罐身为套烧。罐身内腹有明显的轮旋痕。

3. 龙泉窑青瓷象纽盖罐

4. 龙泉窑青瓷鼓钉三足炉
丽水市博物馆藏

口径 7.2、底径 3.3、高 4.7 厘米

方唇，直口，直腹微斜，平底，底部三撇足。外口沿处及下腹部有宽弦纹带双圈，上对称贴塑菊花形鼓钉。灰白色，胎质细腻。青灰色釉。全器满施釉，唯外底部露胎无釉。

5. 龙泉窑青瓷盂形罐
丽水市博物馆藏

口径 6.7、足径 4.2、通高 4.8 厘米

由罐盖和罐身两部分组成。罐盖直口，盖面平。罐身圆唇，直口，盂形腹，浅卧足。灰白胎，胎质细密。粉青厚釉，釉层滋润。全器满施釉，唯盖内缘及罐身外底足端露胎无釉，露胎处呈砖红色。

6. 龙泉窑青瓷印花盒
丽水市博物馆藏

口径 8、足径 4.6、通高 3.9 厘米

由盒盖和盒身两部分组成。盒盖直口，盖面微鼓，并印有变形牡丹纹。盒身尖圆唇，直口微敛，上腹竖直，下腹斜收，浅卧足。灰胎，胎质细。粉青厚釉。全器满施釉，唯盒盖内缘及口部、盒身口沿及外底部露胎无釉，无釉处呈铁黑色。

4. 龙泉窑青瓷鼓钉三足炉

5. 龙泉窑青瓷盂形罐

6. 龙泉窑青瓷印花盒

7. 铜镜

丽水市博物馆藏

直径 14.2、厚 0.3 厘米

八出菱边形。背缘有较宽的凸起，向
外缘斜削，镜纽扁平而小，素背，无
铭文和纹饰。照面微弧凸，有绿色及
银白色光泽。

7. 铜镜

8. 墓志

丽水市博物馆藏

高 47.3、宽 66、厚 6.5 厘米

石质，长方形墓志。刻竖行排列共 16 行，满行 13 字，共计 204 字。行楷，字体多变，有一定的书法功底。字较小，单字宽 1.3~2.1、高 1.8~2.0 厘米，刻痕较浅窄。简略记载了墓主姜氏的生卒年月、殡葬地点等情况，为判断同出文物所属时期提供了直接证据。

录文：

亡室姜氏，处之丽水人，国学免解讳谦之次女。生于淳熙庚子十月乙酉，二十五岁而归余。性通敏，寡言笑，服劳女工，治家有矩度。父母方幸余得助，安意自适，数曷弗延？偶归省伯母家，遽得疾，不救。呜呼痛哉！实嘉定戊寅二月之甲辰，年三十有九。生三子：男曰应祥；女长曰葆禧，许适同里张源；次曰崇烟，尚幼。余不胜伉俪情重，□远葬，卜所居西偏地吉，顾视不劳举足，大惬余意，遂□嘉定己卯十一月甲寅殡诸圹。至嘉定壬午四月乙酉乃定向亲土焉，亦循阴阳家说云尔。倥偬毕事，不皇求铭于人，姑记岁月大略。夫李厔谨志。

017 丽水市
南宋开庆元年（1259 年）沈道生墓

1964 年 6 月 20 日在丽水县（今丽水市）北郊白云山脚地委宿舍建筑工地清理。墓葬共两座，早期被盗，出土墓志两方，大墓出土龙泉窑青瓷水盂、白瓷水盂等。据墓志载，大墓为丽水籍南宋参知政事何澹曾孙何莫之养母沈氏道生，葬于南宋开庆元年十二月；小墓为何澹曾孙何坚僧墓，葬于南宋淳祐三年（1243 年）。

1. 龙泉窑青瓷水盂
丽水市博物馆藏
口径 4.9、底径 3.6、高 4.3 厘米
圆唇，直口微敛，扁圆腹，平底。灰黑色胎。青灰色厚釉，布满小开片，釉层开片。全器满施釉，唯口沿及外底部露胎无釉，无釉处呈黑色及灰黄色。

2. 白瓷水盂
丽水市博物馆藏
口径 4.7、底径 5.7、高 4.5 厘米
圆唇，直口，筒形腹，平底。灰黄胎。青白色釉微泛黄。全器满施釉，唯口沿及外底部露胎无釉。

1. 龙泉窑青瓷水盂

2. 白瓷水盂

丽水市
018 南宋德祐元年（1275 年）
叶梦登妻潘孟光墓

1964 年 10 月在丽水县（今丽水市）城西村三岩寺
金桥头清理。出土一批文物，有龙泉窑莲瓣碗、龙
泉窑六角扁瓶、菱花形铜镜、圆形带柄铜镜、铜剪刀、
银碗各 1 件，琉璃饰品 2 件，琉璃如意云片 2 件，
银饰残件 3 件，铜钱数枚，墓志 1 方。据墓志载，
墓主卒于德祐元年。

1. 龙泉窑青瓷双耳六角扁瓶
丽水市博物馆藏
口径 5.2～6.7、足径 4.9～6、高 13.6 厘米
整体呈扁六角形。圆唇、敞口，颈两侧装双耳衔环，
垂腹，多角形外撇圈足。颈部以凸弦纹分为上下两
段，上段印如意纹，下段印宝相如意头纹。上腹
印垂帐纹，下腹印仰莲纹。灰白胎。青灰色厚釉。
全器满施釉，唯外底足端处露胎无釉，无釉处呈
砖红色。

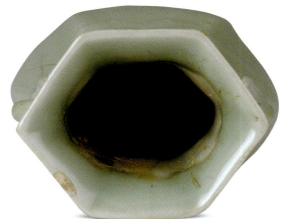

1. 龙泉窑青瓷双耳六角扁瓶

2. 龙泉窑青瓷莲瓣纹碗

丽水市博物馆藏

口径 17.9、足径 4.3、高 7.2 厘米

圆唇，敞口，斜弧腹，圈足。外腹刻划莲瓣纹，瓣
面较窄，瓣脊较清晰，形似菊瓣。灰白胎，胎质细腻。
梅子青釉，釉层厚处呈翠色，薄处呈青白色。全器
满施釉，唯外底足端露胎无釉，无釉处呈朱红色。

3. 铜镜

丽水市博物馆藏

直径 20.7、厚 0.8 厘米

菱花形。背面中心置一小纽，以双弦纹圈将镜面由

内而外分成三个区域，于中区置铭文，铭文不可释读。

4. 带柄铜镜

丽水市博物馆藏

长 22.5、径 11.5、厚 0.75 厘米

镜面呈圆形，带一长方形柄。背面置一凸弦纹圈，
内置铭文，铭文不可释读。

5. 琉璃如意云片（两件）

丽水市博物馆藏

6. 铜钱（一组）

丽水市博物馆藏

2. 龙泉窑青瓷莲瓣纹碗

3. 铜镜

4. 带柄铜镜

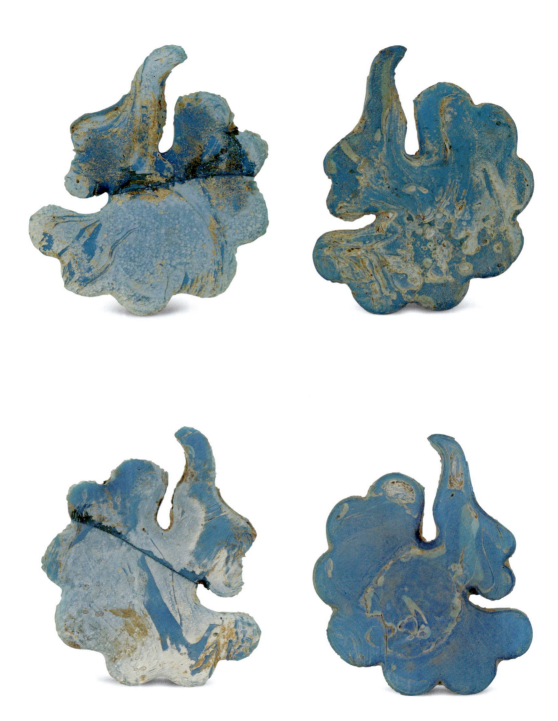

5. 琉璃如意云片（两件）

6.铜钱（一组）

7. 墓志

丽水市博物馆藏

高 62、宽 55 厘米

录文：

余官湖学之明年，德祐改元乙亥，子存以正月十七日母讣闻，
云一夕疾瘳，旬而逝。呜呼，天乎！何祸吾门之酷而夺吾室之
遽也。归哭无及，抑命也。夫得□兆域北凤凰山之冈，卜其年
十二月庚申吉，存以□请志。呜呼！吾何忍志五室，志则言有
尽而悲无极也。孺人讳孟光，字弗耀，姓潘氏，处丽水人，父
溶，母氏叶。生嘉定丁丑二月之癸酉，幼警慧，蚤闲闻事。先
君为梦登卜婚，曰："是宜于叶氏命室焉。"既归，礼顺和睦，
佐馂奉祀无怠，知□乐俭，虽饰不华，育诸子，自力针纫。先
君弃世，家事剔悉亲之，靡密具给，余得不废吾业。余窃禄归，
为老母□，则领子妇诸孙，日娱侍左右，余又不得不惮于官□
居多。余终母丧，官吴，始俱少往来，苦跋涉，既数月归，□
曰："孙子足团乐，奚远官为？"余恨未能稼圃，讵知死生之
永隔。悲夫！悲夫！孺人得年六十少一，居少疾，胡弗寿？男
三：存、在、有。孙男六：富翁、宅翁、实翁、宜翁、审翁、
守翁。女二，俱幼。孺人自戊戌归于我，至是相敬如一日。病
余不得而知，殁余不得而诀，宜有官守，又未知可归以哭其□
否？期迨，书以属存馋以掩诸幽，且以志余之悲。

019

缙云县
明成化三年（1467年）樊贵墓

1988年于缙云县城五云小学后恩茶山清理。出土
龙泉窑青瓷盖罐1件、神仙车马画像铜镜1面、
墓志1方，铜镜朽蚀严重。据墓志载，墓主人卒于
成化三年。

龙泉窑青瓷盖罐
缙云县博物馆藏
口径5.1、足径4.5、高7厘米
由罐盖和罐身两部分组成。子母口。罐盖整体呈伞
形，直口，盖面微鼓。罐身直口，丰肩，圆鼓腹，
矮圈足。罐身外腹有弦纹多圈。灰黄胎。青黄釉，
布满小开片。全器满施釉，唯盖内及罐身口沿、外
底足端露胎无釉。

缙云县
020 明成化五年（1469 年）
李俚妻陈氏墓

1995 年 12 月于缙云县城南塘庵清理。墓葬为条石
结构。出土龙泉窑青瓷小罐 1 件、墓志 1 方。据
墓志载，墓主人卒于成化五年。

龙泉窑青瓷小罐
缙云县博物馆藏
口径 4.3、足径 4.1、高 6.5 厘米
失盖。直口，溜肩，圆鼓腹，矮圈足。外上腹刻划
花叶纹，上下腹相交处饰弦纹一圈，下刻划仰莲瓣
纹一圈，外腹有弦纹多圈。灰黄胎。青黄釉。全器
满施釉，唯罐身口沿、外底部露胎无釉。

缙云县
021　明成化五年（1469 年）
　　　李景妻郑氏墓

1995 年 12 月于缙云县城南塘庵清理。墓葬为条石结构。出土铜镜 1 面、墓志 1 方。据墓志载，墓主人卒于成化五年。

双鱼纹铜镜
缙云县博物馆藏
直径 15 厘米
整体呈圆形。中心置一圆纽，绕纽贴塑双鱼，首尾相顾，外围饰海水纹样。

缙云县
022 **明弘治八年（1495 年）**
李晋妻应氏墓

1995 年 12 月于缙云县城南塘庵清理。墓葬为条石结构。出土青花小罐 1 件、墓志 1 方。据墓志载，墓主人卒于弘治八年。

青花小罐
缙云县博物馆藏
口径 3.9、足径 4.5、高 9 厘米
失盖。直口，丰肩，圆鼓腹，圈足。肩部饰青花覆莲瓣纹一圈，内饰青花花卉，肩腹相交处饰青花弦纹一圈，上腹饰缠枝花卉纹，上下腹相交处饰青花弦纹一圈，下饰青花仰莲瓣纹一圈，内填以青花装饰。白胎。全器满施釉，唯外底部露胎无釉。

缙云县
**023　明弘治十五年（1502 年）
　　　李旦妻洪氏墓**

1995 年 12 月于缙云县城南塘庵清理。墓葬为条石结构。出土青花小罐 1 件、墓志 1 方。据墓志载，墓主人卒于弘治十五年。

青花小罐
缙云县博物馆藏
口径 3.7、足径 4.5、通高 10.1 厘米
由罐盖和罐身两部分组成。子母口。罐盖整体呈宝塔形，直口，平沿，盖面鼓，中心置一宝珠形纽。以纽为中心满饰青花纹样。罐身直口，口微残，丰肩，圆鼓腹，圈足。肩部饰青花覆莲瓣纹一圈，内饰青花花卉，肩腹相交处饰青花弦纹一圈，上腹饰缠枝花卉纹，上下腹相交处饰青花弦纹一圈，下饰青花仰莲瓣纹一圈，内填以青花装饰。全器满施釉，唯盖内及罐身外底部露胎无釉。

024

缙云县
明正德十四年（1519 年）李长墓

1995 年 12 月于缙云县城南塘庵清理。墓葬为条石结构。出土铜镜 1 面、墓志 1 方。据墓志载，墓主人卒于正德十四年。

弦纹铜镜
缙云县博物馆藏
直径 8 厘米
整体呈圆形。中心置一圆纽，贴塑弦纹一圈。

025
缙云县
明嘉靖四年（1525年）李庚墓

1995 年 12 月于缙云县城南塘庵清理。墓葬为条石结构。出土龙泉窑青瓷小罐 2 件、墓志 1 方。据墓志载，墓主人卒于嘉靖四年。

1. 龙泉窑青瓷小罐
缙云县博物馆藏
口径 3.8、足径 4、高 8 厘米
直口，丰肩，圆鼓腹，圈足。外腹满饰刻划花叶纹。灰胎。青釉微泛黄，布满小开片。全器满施釉，唯口沿及外底足端处露胎无釉。

1. 龙泉窑青瓷小罐

2. 龙泉窑青瓷小罐

缙云县博物馆藏

口径 3.7、足径 4.7、高 6 厘米

直口，丰肩，圆鼓腹，圈足。外腹饰凸弦纹三圈。
灰胎。青釉泛黄，布满开片。全器满施釉，唯口沿
及外底足端处露胎无釉。

2. 龙泉窑青瓷小罐

缙云县
026 明嘉靖十年（1531 年）
李丁妻洪氏墓

1995 年 12 月于缙云县城南塘庵清理。墓葬为条石结构。出土铜镜 1 面、墓志 1 方。据墓志载，墓主人卒于嘉靖十年。

龙虎纹铜镜
缙云县博物馆藏
直径 8.5 厘米
整体呈圆形。中心置一圆纽，贴塑龙虎纹样。

缙云县

027 **明嘉靖十四年（1535 年）李长妻郑氏墓**

1995 年 12 月于缙云县城南塘庵清理。墓葬为条石结构。

1. 云纹铜镜
缙云县博物馆藏
直径 12.5 厘米
整体呈圆形。中心置一圆纽，以弦纹分为内外两区，分别贴塑云纹。

2. 长命富贵款双鱼纹铜镜
缙云县博物馆藏
直径 25 厘米
整体呈圆形。中心置一圆纽，贴塑"长命富贵"款并双鱼纹。

1. 云纹铜镜

2. 长命富贵款双鱼纹铜镜

028 丽水市
明嘉靖二十八年（1549 年）墓

1987 年丽水市丽新乡（今莲都区丽新畲族乡）菖
蒲岭一座古墓被盗，现场留有明嘉靖二十八年墓志。
后经当地公安部门侦查，收回出土青瓷小盖罐 1 件。

青瓷小盖罐
丽水市博物馆藏
口径 3.8、足径 3.6、高 5 厘米
由罐盖和罐身两部分组成。罐盖子母口，圆唇，直
口，平沿，盖面微鼓。罐身方唇，直口微敛，扁圆
腹，矮圈足。外腹划凹弦纹多圈。灰黄胎，胎质较
粗。青黄釉，有剥釉现象。全器满施釉，唯盖内缘、
罐身口沿及外底部露胎无釉。

遂昌县
029 明嘉靖三十七年（1558年）
王秉恭墓

该墓位于遂昌县黄沙腰柘岱口锁匙坑。已遭盗掘。
墓主王秉恭生于明成化乙巳三月十九日卯时，终于
嘉靖戊午四月二十八日巳时，享年七十四岁。尸体
保存完好，现存浙江省自然博物馆。

1. 文书
汤显祖纪念馆藏
长 71、宽 17.3 厘米
2. 牙袋（路引袋）
汤显祖纪念馆藏
通长 28、宽 12.5 厘米
3. 梳子
汤显祖纪念馆藏
长 14.1 ~ 14.9、最宽 6.6、最厚 1.3 厘米
4. 不明器形（帽花）
汤显祖纪念馆藏
直径 5.4 厘米
5. 不明器形（香环一对）
汤显祖纪念馆藏
高 2.6 厘米

6. 簪
汤显祖纪念馆藏
长 7.1 厘米
7. 铜镜
汤显祖纪念馆藏
直径 8、厚 0.4 厘米
8. 墓志
汤显祖纪念馆藏
高 58、宽 58、厚 8.5 厘米
残。"显姚黄鲁斋安人王氏圹志"，铭文可识。

墓葬被盗情况

顯妣王十七安人姓王氏諱素　　係　　建連城縣尹湖山王紀之翁仲女也

在日穿着衣服等皿開具于後

計開

頭繩一
白絹汗衫一
白紬綿襖一
白紬脚紝二
手袋一
脚布一
百尺被七

香簪一
綠紬綿襖一
紅紬綿裙一
紅苧絲眠鞋二
大紅苧絲被一
梳箆一副
棺末一具

香環二
綠紬夾襖一
白絹裙一
藍苧絲鞋二
紅苧絲褲一
鏡一
已上

大明嘉靖三十七年歲次戊午夏四月廿八日亥時袁子黃一琮　二琮　三琮

生於成化乙巳三月十九日卯時終於嘉靖戊午

青苧絲帽一
大紅絹衫一
青絹裙一
紅苧絲縢褲二
燈草荐一
錢倉一
小歛紬

白絹裹目巾一
蔥白絹衫一
紅絹裙一
枕頭一
五歛倉一
大斂單一

白紬手袋二
監苧絲長襖一
綠花絹裙一
路引袋一
手巾一
紅紬長行襖一

共計五十七件
四琮　五琮　六琮等位血百畢謹狀

時享年七十四歲所有

1. 文书

2. 牙袋（路引袋）

3. 梳子

4. 不明器形（帽花）

5. 不明器形（香环一对）

6. 簪

7. 铜镜

8. 墓志

遂昌县
清乾隆五十年（1785 年）墓

1994 年 3 月 29 日遂昌县文物管理委员会￢遂昌县琴淤乡左肩村清理。墓葬位于乌溪江水库区，湖山乡左肩村南面山水，海拔约 300 米。砖室墓。墓室坐南朝北，方向 10°。

墓葬已遭盗掘破坏，棺盖横弃在墓前，尸体横在棺盖旁边，用尼龙薄膜裹着。墓室拱券形，青砖砌筑。室内宽 1.08、深 2.5、高 0.96 米。边墙用长 27、宽 18.5、厚 6 厘米的青砖错缝实砌，拱券用长 27、宽 17、厚 6~8 厘米的楔形砖错缝券筑，底部用长 29.5、宽 29.5、厚 7 厘米的方砖平铺。棺材系杉木制作，盖壁外沿弧形，黑色油漆。小头高 52 厘米（除盖），其中底高 14 厘米，上口宽 52 厘米，底宽 52 厘米，腹部宽 60 厘米，壁厚 12 厘米。当中金字小楷三行 62 字，右书：生于（康熙）壬辰年十月廿四日，终于乾隆乙巳年十一月，享年七十四岁。中书：（沛）国郡（显妣）行方（一）百零四毛氏安人之柩。右书：男：寅宾、寅宗、寅寀、梯瑞，孙：国棋、国遴百拜。当中"方"字底下有一凿孔，一截铁凿断在里面。棺材大头高 67 厘米（除盖），上口宽 67 厘米，底宽 79 厘米，腹部宽 79 厘米，壁厚 17 厘米。当中金字方篆一个"寿"字。棺盖长 231 厘米，大头宽 70 厘米，厚 18 厘米，小头宽 56 厘米。

尸体干枯，长 150 厘米，皮肤软，有弹性，手部腕关节、指关节都能活动，手指曲折后会自然伸直。挪动尸体时，头部转折，颈部皮肤出现皱褶，头移正后，皱褶即恢复平整。尸体裸露部分呈浅褐色，包裹部分呈白色。尸体头发被扯光，一束乱发弃于墓地，长 30~40 厘米。牙齿被撬掉，口张大成 O 形，用手扳动，口能开合。颈部被割破一道口子，长约 10 厘米，裂开 2~3 厘米。左脸部有一处皮肤被擦破，

面积约 0.5 平方厘米。4 月 1 日浙江省自然博物馆专家鉴定时，尸体头、手等裸露部分皮肤已渐发黑。棺内衣服、被褥、裙子、锡箔纸锭等基本完好，还有大量的灯芯草。裹着尸体的青蓝色上衣背部有一块 24 厘米 ×24 厘米的补子，绣有乳黄色飞凤祥云图案。有夹被一条，长 200、宽 107 厘米，背面赭色绸缎，上绣石榴、牡丹、兰、菊、梅、蝙蝠、蝴蝶等五色图案；里面白色粗布。

清理时在墓地找到一块青石墓志，高 41.5、宽 46、厚 10 厘米，上部两角削角 4 厘米。碑文直书楷体阴刻 15 行，共计 194 字。

1. 绸缎被面

汤显祖纪念馆藏
长 200、宽 107 厘米

长方形，面层缎质，中间对缝拼接；里层粗棉布，三块拼接。缎染赭色。缎面绣九道各式花果鸟虫。第一道中间绣两棵兰花，左右各绣福（蝠）在眼前（方孔钱）一组；第二道中间绣荷花一组，左右各绣菊花一组，荷花上部分别绣竹叶两组、蝙蝠两只；第三道中间绣玉兰花两枝，左右各绣彩蝶两只；第四道中间绣蝙蝠两只，左右各绣竹叶、寿桃两组；第五道中间绣牡丹花一组，左右各绣灵芝草、蝙蝠两组；第六道绣寿桃、石榴、蜘蛛各两组；第七道中间绣石榴花一组，左右各绣蝙蝠、兰花两组；第八道中间绣蝙蝠两只，左右各绣寿桃、蝙蝠两组；第九道绣四瓣花、梅花各两组。

1. 绸缎被面

2. 墓志

汤显祖纪念馆藏

高 41.5 厘米、宽 46 厘米、厚 10 厘米

录文：

皇清待赠孺人显妣从沛国郡行方一百有四失母毛太君墓铭

太君姓毛氏，生于康熙壬辰年十月二十四日戌时，终于乾隆乙巳年十一月初一日寅时，寿七十四。

以乾隆丁未年六月十一日未时谨奉灵柩安葬本邑二十二都，土名左肩柏香坛东降头，丁山癸向。铭曰：山龙绵口，吉兆悠长，钟灵毓秀，遗泽流芳。

男：寅寀、寅宾、寅宗、梯瑞，孙：国棋、国遴等百拜谨志。

附记：前山承买张姓坟境，续买叶姓全业山场，东至瓦窑降直上水流归内，南至太平磡，西至大降直出岱直下岱头，北至交塘。旧塘今成田。

2. 墓志

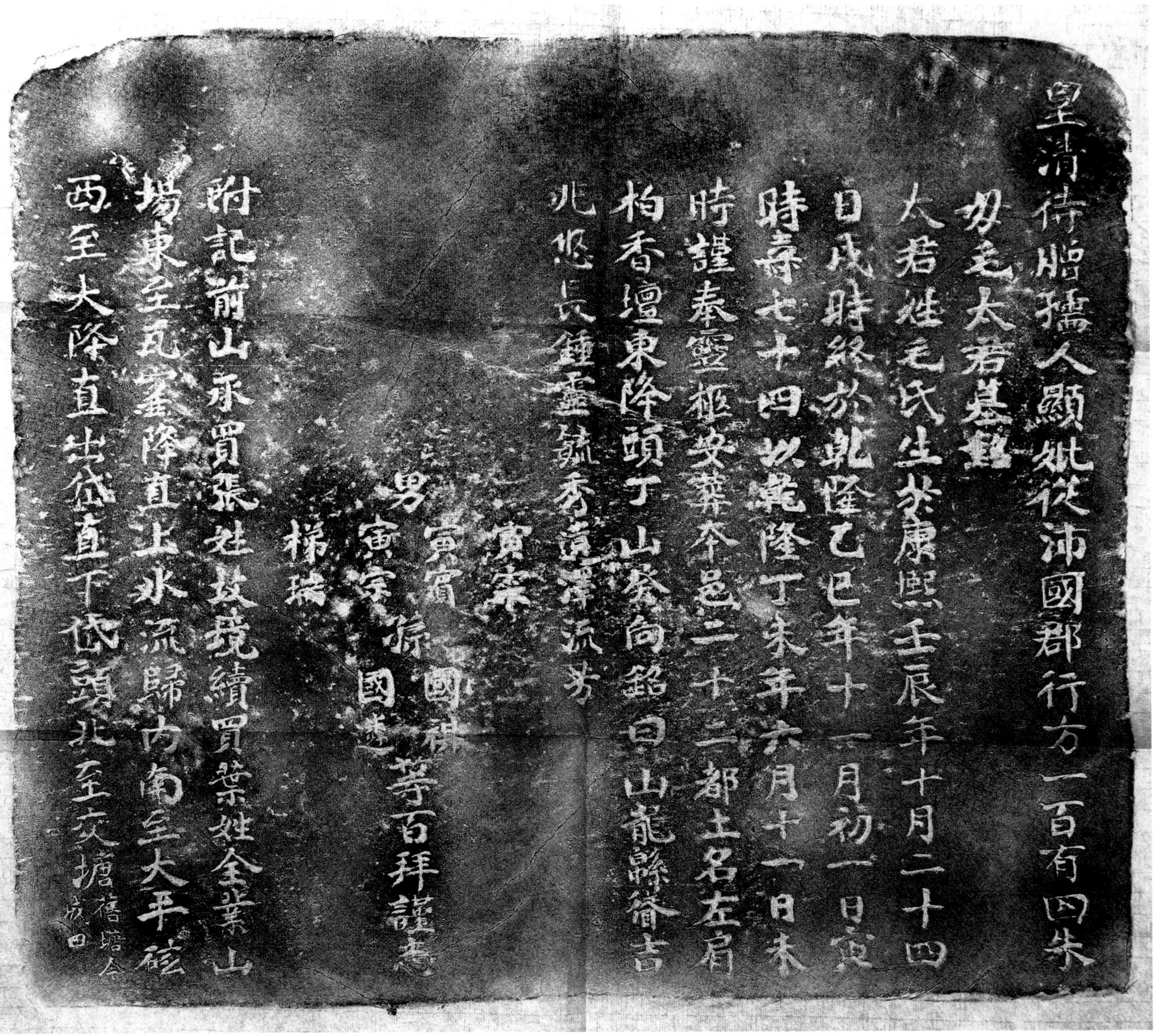

皇清待贈腊孺人顯妣從沛國郡行方一百有四朱
劬毛太君墓誌
太君姓毛氏生於康熙壬辰年十月二十四
日戌時終於乾隆乙巳年十一月初一日寅
時壽七十四以乾隆丁未年六月十一日未
時謹奉靈柩安葬於是二十二都土名左肩
柏香壇東隆頭丁山癸向銘曰山龍縣徭吉
兆悠長鍾靈毓秀貴澤流芳

附記前山承買張姓致競績買葉姓全業山
場東至瓦窰隆直上水流歸内南至大平碇
西至大隆直出低直下低頭北至交塘禧塘合
成田

男 寅寶 庠 國神
寅宗 庠 國神 芋百拜謹志
棟瑞

丽水市
031 清道光元年（1821 年）郑培宣夫妇墓

墓葬结构不清。据墓志载，墓主人卒于清道光元年。

1. 铜顶饰
丽水市博物馆藏
高 6、底径 2.5 厘米

2. "郑门何氏"铭生辰银牌
丽水市博物馆藏
长 8.45、宽 4.45 厘米

3. 象牙簪（两件）
丽水市博物馆藏
长 21.4 厘米
长 22 厘米

4. 玉雕卧马
丽水市博物馆藏
长 4.3、宽 2 厘米

5. 玉雕比目鱼
丽水市博物馆藏
长 4.4、宽 1 厘米

6. 嵌玉鎏金铜带扣
丽水市博物馆藏
长 7.7、宽 5.2、厚 1 厘米

7. 端兽祥云砚
丽水市博物馆藏
长 12、宽 9 厘米

1. 铜顶饰

2. "郑门何氏"铭生辰银牌

3. 象牙簪(两件)

4. 玉雕卧马

5. 玉雕比目鱼

6. 嵌玉鎏金铜带扣

7. 端兽祥云砚